中医历代名家学术研究丛书

主编 潘桂娟

薛雪

郑齐 编著

Academic Research Series of Famous Doctors of Traditional Chinese Medicine through the Ages

“十三五”国家重点图书出版规划项目

中国中医药出版社
·北京·

图书在版编目（CIP）数据

中医历代名家学术研究丛书．薛雪／潘桂娟主编；郑齐编著．—北京：中国中医药出版社，2017.9

ISBN 978-7-5132-4312-4

Ⅰ．①中…　Ⅱ．①潘…　②郑…　Ⅲ．①薛雪（1681–1770）—人物研究　Ⅳ．① R826.2

中国版本图书馆 CIP 数据核字（2017）第 147795 号

中国中医药出版社出版

北京市朝阳区北三环东路 28 号易亨大厦 16 层

邮政编码　100013

传真　010 64405750

河北新华第二印刷有限责任公司印刷

各地新华书店经销

开本 880×1230　1/32　印张 6　字数 154 千字

2017 年 9 月第 1 版　2017 年 9 月第 1 次印刷

书号　ISBN 978－7－5132－4312－4

定价　45.00 元

网址　www.cptcm.com

社长热线　010–64405720

购书热线　010–89535836

侵权打假　010–64405753

微信服务号　zgzyycbs

微商城网址　https://kdt.im/LIdUGr

官方微博　http://e.weibo.com/cptcm

天猫旗舰店网址　https://zgzyycbs.tmall.com

如有印装质量问题请与本社出版部联系（010 64405510）

项目来源及国家重点图书出版计划

2005 年度国家“973”计划课题“中医理论体系框架结构与内涵研究”（编号：2005CB532503）

2009 年度科技部基础性工作专项重点项目“中医药古籍与方志的文献整理”（编号：2009FY120300）子课题“古代医家学术思想与诊疗经验研究”

2013 年度国家“973”计划项目“中医理论体系框架结构研究”（编号：2013CB532000）

国家中医药管理局重点研究室“中医理论体系结构与内涵研究室”建设规划

“十三五”国家重点图书、音像、电子出版物出版规划（医药卫生）

《中医历代名家学术研究丛书》编委会

《中医历代名家学术研究丛书》审订委员会

前言

中医理论肇始于《黄帝内经》《难经》，本草学探源于《神农本草经》，辨证论治及方剂学发轫于《伤寒杂病论》。在此基础上，历代医家结合自身的思考与实践，提出独具特色的真知灼见，不断革故鼎新，充实完善，使得中医药学具有系统的知识体系结构、丰富的原创理论内涵、显著的临床诊治疗效、深邃的中国哲学背景和特有的话语表达方式。历代医家本身就是“活”的学术载体，他们刻意研精，探微索隐，华叶递荣，日新其用。因此，中医药学发展的历史进程，始终呈现出一派继承不泥古、发扬不离宗的繁荣景象。

中国中医科学院中医基础理论研究所，自 2008 年起相继依托 2005 年度国家“973”计划课题“中医学理论体系框架结构与内涵研究”、2009 年度科技部基础性工作专项重点项目“中医药古籍与方志的文献整理”子课题“古代医家学术思想与诊疗经验研究”、2013 年度国家“973”计划项目“中医理论体系框架结构研究”，以及国家中医药管理局重点研究室“中医理论体系结构与内涵研究室”建设规划，联合北京中医药大学等 16 所高等院校及科研和医疗机构的专家、学者，选取历代具有代表性或学术特色突出的医家，系统地阐释与解析其代表性学术思想和诊疗经验，旨在发掘与传承、丰富与完善中医理论体系，为提升中医师理论水平和临床实践能力和水平提供参考和借鉴。本套丛书即是此系列研究阶段性成果总结而成。

综观历史，凡能称之为“大医”者，大都博览群书，学问淹博赅洽，集百家之言，成一家之长。因此，我们以每位医家独立成书，尽可能尊重原著，进行总结、提炼和阐发。此外，本丛书的另一个特点是，将医家特色学术观点与临床实践相印证，尽可能选择一些典型医案，用以说明理论的实践价值，便于临床施用。本丛书现已列入《“十三五”国家重点图书、音像、电子出版物出版规划》中的“医药卫生”重点图书出版计划，并将于“十三五”期间完成此项出版计划，拟收载历代102名中医名家，总字数约1600万。

丛书各分册作者，有中医基础学科和临床学科的资深专家、国家及行业重点学科带头人，也有中青年教师、科研人员和临床医师中的学术骨干，分别来自全国高等中医院校、科研机构和临床单位。从学科分布来看，涉及中医基础理论、中医各家学说、中医医史文献、中医经典及中医临床基础、中医临床各学科。全体作者以对中医药事业的拳拳之心，共同努力和无私奉献，历经数年成就了这份艰巨的工作，以实际行动切实履行了传承、运用、发展中医药学术的重大使命。

在完成上述科研项目及丛书撰写、统稿与审订的过程中，研究团队暨编委会和审订委员会全体成员，精益求精之心始终如一。在上述科研项目负责人、丛书总主编、中国中医科学院中医基础理论研究所潘桂娟研究员主持下，由常务副主编张宇鹏副研究员、陈曦副研究员及各分题负责人——翟双庆教授、刘桂荣教授、郑洪新教授、邢玉瑞教授、钱会南教授、马淑然教授、文颖娟教授、陆翔教授、杨卫彬研究员、崔为教授、柳亚平副教授、江泳副教授、王静波博士等，以及医史文献专家张效霞副教授，分别承担或参与了团队的组织和协调，课题任务书和丛书编写体例的起草、修订和具体组织实施，各单位课题研究任务的落实和分册文稿编写和审订等工作。编委会还多次组织工作会议和继续教育项目培训，组织审订委员会专家复审和修订；最终由总主编逐册复审、修订、统稿并组织作者再次修订各分册文稿。自 2015 年 6 月开始，编委会将丛书各分册文稿陆续提交中国中医药出版社，拟于 2019 年 12 月之前按计划完成本套丛书的出版。

2016 年 3 月，国家中医药管理局颁布了《关于加强中医理论传承创新的若干意见》，指出“加强对传承脉络清晰、理论特色鲜明的古代医家的学术思想研究，深入研究中医对生命、健康与疾病认知理论，系统总结中医养生保健、防病治病理论精华，提升中医理论指导临床实践和产品研发的能力，切实传承中医生命观、健康观、疾病观和预防治疗观”。上述项目研究及丛书的编写，是研究团队对国家层面“加强中医理论传承与创新”号召的积极响应，体现了当代中医学人敢于担当的勇气和矢志不渝的追求！通过此项全国协作的系统工程，凝聚了中医医史、文献、理论、临床研究的专门人才，培育了一支专业化的学术队伍。

在此衷心感谢中国中医科学院及其所属中医基础理论

研究所、中医药信息研究所、研究生院，以及北京中医药大学、陕西中医药大学、山东中医药大学、云南中医学院、安徽中医药大学、辽宁中医药大学、浙江中医药大学、成都中医药大学、湖南中医药大学、长春中医药大学、黑龙江中医药大学、南京中医药大学、河北中医学院、贵阳中医药大学、中日友好医院等16家科研、教学、医疗单位，对此项工作的大力支持！衷心感谢中国中医药出版社有关领导及华中健编审、伊丽萦博士及全体编校人员对丛书编写及出版的大力支持！

本丛书即将付梓之际，百余名作者感慨万千！希望广大读者透过本丛书，能够概要纵览中医药学术发展之历史脉络，撷取中医理论之精华，传承千载临床之经验，为中医药学术的振兴和人类卫生保健事业做出应有的贡献！

由于种种原因，书中难免有疏漏之处，敬请读者不吝批评指正，以促进本丛书不断修订和完善，共同推进中医药学术的继承与发扬！

《中医历代名家学术研究丛书》编委会

2016年9月

凡例

一、本套丛书选取的医家，均为历代具有代表性或特色学术思想与临床经验的名家，包括汉代至晋唐医家 6 名、宋金元医家 18 名、明代医家 25 名、清代医家 46 名、民国医家 7 名，总计 102 名。每位医家独立成册，旨在对医家学术思想与诊疗经验等内容进行较为详尽的总结阐发，并进行精要论述。

二、丛书的编写，本着历史、文献、理论研究有机结合的原则，全面解读、系统梳理和深入研究医家原著，适当参考古今有关该医家的各类文献资料，对医家学术思想和诊疗经验，加以发掘、梳理、提炼、升华、概括，将其中具有理论意义、实践价值的独特内容阐发出来。

三、丛书在总体框架上，要求结构合理、层次清晰；在内容阐述上，要求概念正确、表述规范，持论公允、论证充分，观点明确、言之有据；在分册体量上，鉴于每个医家的具体情况不同，总体要求控制在 10 万～20 万字。

四、丛书每一分册的正文结构，分为“生平概述”“著作简介”“学术思想”“临证经验”与“后世影响”五个独立的内容范畴。各分册将拟论述的内容按照逻辑与次序，分门别类地纳入以上五个内容范畴之中。

五、“生平概述”部分，主要包括医家姓名字号、生卒年代、籍贯等基本信息，时代背景、从医经历以及相关问题的考辨等。

六、“著作简介”部分，逐一介绍医家的著作名称（包括现存、已经亡佚又经后人辑复的著作）、卷数、成书年代、主要内容、学术价值等。

七、“学术思想”部分，分为“学术渊源”与“学术特色”两部分进行论述。前者重在阐述医家之家传、师承、私淑（中医经典或前代医家思想对其影响）关系，重点发掘医家学术思想的历史传承与学术渊源；后者主要从独特的学术见解、学术成就、学术特点等方面，总结医家的主要学术思想特色。

八、“临证经验”部分，重点考察和论述医家学术著作中的医案、医论、医话，并有选择地收集历代杂文笔记、地方志等材料，从中提炼整理医家临床诊疗的思路与特色，发掘、总结其独到的诊治方法。此外，还根据医家不同情况，以适当方式选录部分反映医家学术思想与临证特色的医案。

九、“后世影响”部分，主要包括“学术影响与历代评价”“学派传承（学术传承）”“后世发挥”和“国外流传”等内容。其中，对医家的总体评价，重视和体现学术界共识和主流观点，在此基础上，有理有据地阐明新见解。

十、附以“参考文献”，标示引用著作名称及版本。同时，分册编写过程中涉及的期刊与学位论文，以及未经引用但能体现一定研究水准的期刊与学位论文也一并列出，以充分体现对该医家研究的整体状况。

十一、附以丛书全部医家名录，依照年代时间先后排列，以便查检。

十二、丛书正文标点符号使用，依据《中华人民共和国国家标准标点符号用法》（GB/T 15834-2011）。医家原书中出现的俗字、异体字等一律改为简化正体字，个别不能对应简化字的繁体字酌予保留。

《中医历代名家学术研究丛书》编委会

2016 年 9 月

内容提要

薛雪，字生白，号一瓢，又号槐云道人；生于清康熙二十年（1681），卒于清乾隆三十五年（1770）；江苏吴县人，清代温病学家，著有《湿热论》《医经原旨》等。薛雪的学术特色主要有二：一是辨三焦，详论湿热；二是注《皇帝内经》，畅达经旨。特别是薛雪所著《湿热论》，奠定了中医温病学说的理论基石，对温病学派的发展、成熟、传承，可谓影响至深。本书内容包括薛雪的生平概况、著作简介、学术思想、临证经验、后世影响等。

编写说明

薛雪，字生白，号一瓢，又号槐云道人；生于清康熙二十年（1681），卒于清乾隆三十五年（1770）；江苏吴县人，清代温病学家，著有《湿热论》《医经原旨》等。薛雪的学术特色主要体现在以下两个方面：一是辨三焦，详论湿热。二是注《黄帝内经》（以下简称《内经》），畅达经旨。特别是薛雪所著《湿热论》，奠定了中医温病学说的理论基石，对温病学派的发展、成熟、传承可谓影响至深。

本次研究将在全面收集薛雪的医学著作，以及关于薛雪学术思想研究的文献资料基础上，通过系统研读与分析，着重于前人研究较少的领域做了以下 3 个方面的工作：

（1）通过阅读《医经原旨》《内经知要》中薛雪对《内经》条文的注解，对比历代对相关《内经》条文的注解，勾勒出其研究《内经》的学术观点和特色。

（2）通过分类研究《三家医案合刻·薛案》与《扫叶庄医案》，对薛雪四时温病、咳嗽、中风、噎膈、泻利、便血、便秘、痞满、脘胁腹中诸痛、遗精、淋、浊、女科疾病等 13 类病证的诊疗规律进行了详细分析；重在探讨其立法、疏方、选药，以资后人借鉴。仔细梳理薛雪学术思想传承、演进的脉络，从历代评价、学派传承、后世发挥 3 方面，分析其学术思想对后世的影响。

（3）对于前人研究较多的薛氏湿热病诊疗理论，重新以《医学蒙求》本中的《湿热论》作为研究对象，全面总结薛雪湿热病理论的内容，包括病因、发病、传变、证候表现、辨证要点、治则治法、处方用药等内容，并结合其相关医案，探讨其理论的具体应用。

本研究所依据的版本如下：

[1] 清・叶桂著；张志斌整理．温热论[M]．北京：人民卫生出版社，2007.

[2] 清・薛雪著；张志斌整理．湿热论[M].北京：人民卫生出版社，2007.

[3] 清・薛雪集注；洪丕谟，姜玉珍点校．医经原旨[M]．上海：上海中医学院出版社，1992.

[4] 清・薛生白．扫叶庄医案[M]．上海：上海科技出版社，2010.

[5] 清・也是山人．也是山人医案[M]．上海：上海科技出版社，2010.

[6] 清・叶天士，缪希雍，薛生白著；吴金寿辑．三家医案合刻[M]．上海：上海科技出版社，2010.

本研究立足于整合截止到当前的研究成果，在目前尚未涉及或较为薄弱的研究领域深入挖掘与提炼，体现了当代对薛雪学术思想研究的水平。

在此衷心感谢参考文献的作者以及支持本项研究的各位同仁!

中国中医科学院中医基础理论研究所　郑齐

2015 年 6 月

目录

薛雪

生平概述

薛雪，字生白，号一瓢，又号槐云道人；生于清康熙二十年（1681），卒于清乾隆三十五年（1770）；江苏吴县人，清代温病学家，著有《湿热论》《医经原旨》等。薛雪的学术特色主要有二：其一是辨三焦，详论湿热；其二是注《内经》，畅达经旨。特别是，薛雪所著《湿热论》，奠定了中医温病学说的理论基石，对温病学派的发展、成熟、传承，可谓影响至深。

一、时代背景

薛雪生活的时间，正值我国历史上著名的康乾盛世。康乾盛世，是我国封建社会的最后一次太平盛世、繁华高峰。在此期间社会稳定，经济快速发展，人口增长迅速，疆域辽阔。但这一时期，政府对汉族知识分子采取防范政策，大兴文字狱，也制约了社会思想的进步。社会环境的变换，促使传统学术在清代发生重大转向，众多学者只能埋头整理、发掘历代流传下来的典籍，考据之风大炽，成为清代国学的主流。以考据为主要治学方式的著名学术流派——乾嘉学派，正是在这一时期形成的。自古以来，“不为良相，便为良医”的观念，深深地影响着中国文人。他们在政治上不能施展才华，便把目光转移到了与早年诵读的四书五经关系极为密切的医学上。薛雪就是在这样一个特定的时代里，在这样一种观念影响下成长起来的一位儒医。

此外，与薛雪同居一地，年长薛雪 14 岁的叶天士，此时已经享誉一方、声名远播。其代表著作《温热论》所创立的卫气营血辨证论治方法，为温病学说的形成与发展奠定了理论基础，为清代温病学派崛起的肇始。至此，中医外感病理论迎来了一场变革与发展——由伤寒理论的一统天下，变为寒温对峙的局面。处于这样一种中医学术变革期的薛雪，自是不甘居于其同乡同道叶天士之后。他于叶天士言之不详的“吾吴湿邪害人最广”方面，用功尤甚，终成大器，与叶氏同享盛名。

二、生平纪略

薛雪之祖父名、字不详；其父虞卿，乃文徵明之甥；其子薛中正（字不倚），孙薛寿鱼，曾孙薛东来，族孙薛承基，均传医业。其门人有王丹山、全锦、邵登瀛、吴贞等，医名卓著。

薛雪少年学诗于同郡叶燮，与清代著名诗词评论家沈德潜同出一门，有《一瓢斋诗存》《一瓢诗话》等诗文著作传世。生白喜交游，常与文人学士诗酒往还，其诗其论深得当时大诗评家袁枚的赞赏。由于文名卓著，薛雪两次被推荐为朝廷博学鸿词科的预选人，但是两征鸿博不就。后因其母多病，遂研读《内经》，究心医学，开始了他医儒并举的人生。他在中医温病学理论与实践方面与叶天士齐名。除了诗文、医学成就外，薛雪博学多通。他对《易》学研究有得，著有《周易粹义》5卷，成书于乾隆十一年丙寅（1746），《四库全书总目》著录曰“其书采披诸说，融成己意。仿《朱子论孟》之例，皆不载所引姓名，论释颇为简明，而大抵墨守宋学也。”（《四库全书总目提要·卷十·经部·易类存目四》）《清史稿》还谓其“工画兰，善拳勇”（《清史稿·卷五百二十·列传二百八十九》），《中国历代医家传录·薛雪》记载其常随身携铜杖一枚，号“铜婢”。薛雪于庭中常蓄龟数十，自谓效仿龟息，故臻高寿。

薛雪是中医温病学派代表性医家，在中医温病学理论与实践方面有较高的造诣，在《内经》研究方面也有一定的建树。《湿热论》一书详细阐发了湿热类温病的诊疗理论，奠定了中医温病学说的理论基石，对温病学说的形成与发展产生了重要影响。《医经原旨》则体现了薛雪的《内经》研究成就，该书将《内经》原文摘要归类，分为摄生、阴阳、藏象、脉色、经络、标本、气味、论治、疾病 9 类，比较完备地体现了《内经》的理论体系，注文简明扼要、切合临床。

薛雪

著作简介

一、《医经原旨》

《医经原旨》6卷，于清乾隆十九年（1754）成书并刊行，系薛雪对《内经》的节要辑注本。该书借鉴了张景岳《类经》分类注释的做法，将《内经》原文摘要归类分为摄生、阴阳、藏象、脉色、经络、标本、气味、论治、疾病9类，逐条注释。注文一般辑自《类经》，但将《内经》中不甚重要的语句及张注进行了删减和缩编。间或融汇其他注家的精要，并缀以己见。他认为《内经》实为“万古不磨之作”，但世传之《内经》乃“不知何代明夫医理者，托为君臣问答之辞……想亦闻陈方于古老，敷衍成之”。于是薛氏“鸡窗灯火，数更寒暑，彻底掀翻，重为删述”，删繁就简以推原经旨。该书比较完备地体现了《内经》的学术理论体系，并以其注文简明扼要、切合临床的特点，成为《内经》注本中较有特色的一种。

二、《湿热论》

《湿热论》不分卷，约成书于乾隆二十一年（1756）以前。现存该书的最早传本见于清代徐行的《医学蒙求》，初刊于嘉庆十四年（1809）。由于该书是以收载于清代多种温病学著作中出现的，所以关于本书的作者、成书时间和版本问题一直有争论。1987年，现代学者俞志高在整理《吴中医集·温病类》一书时，发现清代徐行的《医学蒙求》是《湿热论》较早的文献载体，并以《医学蒙求》嘉庆十四年（1809）五柳居刻本为底本，对《湿热论》进行了点校，对该书的版本、作者、条文书目等问题进行了初步探讨。2005年，现代学者张志斌对这些问题继续进行探索，并以《医学蒙求》嘉庆十四年刻本为底本，对《湿热论》再次进行点校，编入《温病大成·第二部》中，同时有人民卫生出版社据此排印的单行本行世。

《湿热论》采用分条列论的体例，共35条，6000余字。每条原文下又有薛雪自注，对条文涉及的内容详加阐述。对湿热病的证候表现、传变规律、治法及方药进行了系统地阐述，是薛氏在湿热病诊疗实践中总结出来的真知灼见，为湿热类温病诊疗理论的形成奠定了重要基础。薛氏在书中提出以三焦辨证来辨治湿热病，初步架构了三焦辨证理论的框架，可视为这一辨证理论形成的雏形。该书与叶天士的《温热论》同为中医温病学诊疗理论的定鼎之作，对温病学说的形成与发展有着重要影响。

三、《日讲杂记》

《日讲杂记》八则，刊于唐大烈辑集的《吴医汇讲·卷二》中。《吴医汇讲》刊于清乾隆五十七年（1792）至清嘉庆六年（1801），每年1卷。这篇文章是由薛雪的曾孙薛东来所述的8段话，内容主要讲述《易》学与医学、运气学说、医学人物、五官与五行、妇科脉学等，文章虽短，但句句精炼，对研究薛氏学术思想有一定参考价值。

四、《三家医案合刻·薛案》

《三家医案合刻·薛案》不分卷，由清末苏州吴中名医吴金寿（字子音）自朱氏及沈莲溪手抄本中辑出，共有内科、妇科及温病病案75则，编入其辑录的《三家医案合刻》中，初刊于道光十一年（1831）。在案后还附有《温热赘言》，即薛氏《湿热论》的别本，也是王孟英辑录《湿热病篇》所本。该案文风俊逸，引经据典，符合史载薛氏之行文风格，后被收入《中国医学大成》中（《温热赘言》被删除）。

五、《扫叶庄医案》

《扫叶庄医案》4卷，由民国裘吉生自未刊本辑出，分23门，辑病案数百例。此案文字简洁，文风与前案有异。后收入《珍本医书集成》中，于1936年经上海世界书局以铅印本刊行。

六、《薛生白医案》

《薛生白医案》不分卷，民国陆士谔编印，有1921年上海广文书局石印本。本案是将《三家医案合刻·薛案》分风、痹、血、郁、厥、咳、哮等19个门类进行分类编排，同时附有叶天士同类的医案以资对照，间有陆氏的按语。

七、《内经知要》（校注）

《内经知要》2卷，李中梓原著，薛雪校注，刊于乾隆二十九年（1764）。《内经知要》原刊于明崇祯十五年（1642）。薛雪晚年认为，"《内经知要》比余向日所辑《医经原旨》尤觉近人，以其仅得上下2卷，至简至要，方便时师之，不及用功于鸡声灯影者，亦可以稍有准则于其胸中也"（《内经知要·序》）。经薛氏重校刊行后，该书影响渐为深远，广为流传。

世传薛雪的医学著作还有《膏丸档子》《伤科方》《薛一瓢疟论》等，多为抄本，未刊行，不曾详及。薛氏的非医学类著作有《一瓢斋诗存》《一瓢诗话》《吾以吾集》《周易粹义》等。

薛雪

学术思想

一、学术渊源

从目前掌握的资料分析，薛雪没有执弟子礼拜于某位名医门下，是一位自学成才的医家。他与苏州名医吴蒙等人曾协助整理过王晋三的《绛雪园古方选注》，还校辑刊行了周扬俊的《温热暑疫全书》。通过对两位吴中名医著作的校辑、整理，对薛雪的医疗实践和编著《湿热论》不无裨益。但是这并不是薛雪成为一代名医的主要原因。其成才原因，主要有两个方面：其一是薛雪具备了坚实的古文基础，加上他刻苦好学，广搜博采，所以能对中医经典著作及各家学说理解深透。此外他天性聪颖，悟性很高。古语谓“医者，意也”，这个“意”，不是“臆测”，而是思想活动，是一个通过对各种文献和事物的学习、观察、思考、觉悟的过程。由于他熟谙儒学经典，对于中国儒学一贯秉持的宇宙观有着深刻的哲学领会，所以能够触类旁通，在医学领域有所建树。其医学才能，不同于一般医人来自名师传授，而是得益于深厚的儒学素养以及哲学智慧。由于他长期与上层文化人士交游、为他们诊病，得到了这些人物的高度评价，才逐渐有了一般社会群体对其寄予的极大信任，从而走出了一条属于他自己的名医之路。

薛雪与叶天士同是清代康、乾年间苏州地区著名的温病学家，“扫叶山庄”与“踏雪山房”的故事一度成为中国医学史的谈柄。在《冷庐医话·卷一·医范》中记载了这一故事的由来。

震泽吴晓钲茂才（剑森），言乾隆间吴门大疫，郡设医局，以济贫者，诸名医日一造也。有更夫某者，身面浮肿，遍体作黄白色，诣局求治。薛生白先至，诊其脉，挥之去，曰：“水肿已剧，不治。”病者出，而叶天士至，从肩舆中遥视之，曰："尔非更夫耶？此爇驱蚊带受毒所致，二剂可已。"遂处方与之。薛为之失色，因有扫叶庄、踏雪斋之举。二人以盛名相轧，盖由于此。其说得之吴中医者顾某，顾得之其师，其师盖目击耳。

虽然今天已无从考辨这些记述的真伪，但是厘清这些记述背后所折射出的叶、薛二人在社会地位、个性风格上的差异，可能有助于理解薛雪学医成才的人生轨迹。叶天士由于自幼失怙，家境贫困，因弃举子业，致心于岐黄。他靠学医谋生，转益多师，集众家之长，成一家之说。由于他的实践经历比较丰富，接触了大量生活在社会底层的病患群体，熟知他们的生活方式、习惯，使他才有可能对其带来的疾病作出准确判断。而薛雪当时的社会地位是属于士大夫阶层，少年学习诗文，受科举致仕传统观念的熏陶，两征鸿博，平素与之交往的都是名士、文人。对于一个更夫的生活方式和习惯，他根本不得而知，所以很难做出正确的判断。而文中"挥之去"这三个字，形象地把薛雪才气横溢，风雅放诞，博学多才，不屑以医自见的气质刻画出来了。正是这两种不同的社会地位、生活经历和个人气质，才造就了《温热论》与《湿热论》的瑜亮交映，才有可能留下叶、薛交恶的故事。同时，当我们仔细梳理薛雪的学术思想时，也能够感受到他对叶天士学术思想的学习与借鉴。比如，《湿热论》中亦有卫、气、营、血传变路径的描述，薛案中亦不乏奇经用药、柔剂养阳、久病入络等叶案的影子。由此可见，薛雪对于年长他 14 岁，且在该地区已负盛名的叶天士，并不完全是"道不合，不相为谋"，而是"择其善者而从之"的态度。这对于薛雪在医学领域的成功也是至关重要的。

二、学术特色

薛雪的医学学术思想，主要有湿热病诊疗理论和《内经》学术思想两部分。前者主要体现于其代表作《湿热论》中。该书对湿热病的病因、发病、传变、证候表现、辨证要点、治则治法、处方用药等内容都有详细阐述。后者主要体现在《医经原旨》《内经知要》对《内经》条文的注解之中。现将其两方面的学术特色分述如下：

（一）辨三焦，详论湿热

薛雪基于其临床实践，对湿热病的病因、发病、病机演变做出了详细的阐发。他以常变思维来认识湿热病及其演变的全过程，并据此形成了以三焦辨证为常法，卫气营血辨证为变法，融六经辨证、脏腑辨证等多种辨证方法为一炉的独特的辨证方法。其立法不拘成方，以法示人以规矩，组方简洁严谨，用药精当妥帖。

1. 阐明病因，详析病机

（1）湿热病的病因

薛雪从长期实践中发现，“湿热”既不同于“伤寒”，亦有异于“温病”。尝谓：“温病乃太阳、少阴同病，湿热乃阳明、太阴同病”“风寒必自表入，故属太阳，湿热不尽从表入，故不必由太阳”。并从而提出湿热之邪的感邪途径，“从表伤者，十之一二；由口鼻入者，十之八九”。“湿热”之邪“由上受，直趋中道”，膜原者，“外通肌肉，内近胃腑，即三焦之门户”，故“病亦多归膜原”。邪入口鼻，归于膜原的感邪途径，乃继承了吴又可理论，也是薛氏临证所得。邪归膜原之枢，可发散于表而见湿热表证，内溃于里可见脾胃等气分证。这与伤寒之由寒化热，由“三阳”渐及“三阴”不同，亦与温病之“首先犯肺”，按“卫、气、营、血”之阶段传递有异。

（2）湿热病的发病

在湿热病的发病问题上，薛雪体察到“皆先有内伤，再感客邪”，认为湿热病发病源由“太阴内伤、湿饮停聚，客邪再至，内外相引，故病湿热”。此与《内经》“邪之所凑，其气必虚”的发病学观点是一致的。在此基础上，薛氏明确提出“标本同病”的概念。“标”指外邪六淫，但以湿热为主；“本”指内伤，重在阳明（胃）太阴（脾）。所谓“劳倦伤脾为不足，湿饮停聚为有余”，此内伤是本，外感是标。薛氏又谓：“或先因于湿，再因饥饱劳役而病者，亦属内伤挟湿，标本同病。”如此内外相合则发湿热病。并明确指出“中气实者，其病必微”。

（3）病变中心归于脾胃

脾为阴土主湿，胃为阳土主燥。同类之气，易相感召。故薛雪在篇首即指出：“湿热病属阳明、太阴者居多”此乃本病临床证候特点的概括，同时反应了本病以脾胃为重心的病理特点。湿热病发生与否，关键在于脾胃之气。若中气旺，虽募原伏邪，可暂不发病。一旦脾胃气弱，邪气深入而发病。以脾胃为重心的湿热病理论乃薛氏之创见，不但对于认识和掌握本病的发展变化非常重要，且在辨治上更具有意义。脾属阴，喜燥恶湿；胃属阳，喜润恶燥，二者相互表里，对湿、热之邪各有其亲和性。临床上湿重者多责之于脾，热重者多责之于胃，治疗上则按湿与热之多少来把握运脾湿与清胃热之侧重。

（4）湿热病的病机特点

薛雪对湿热病邪致病以后的病机特点有细致的分析。他指出：“夫热为天之气，湿为地之气，热得湿而热愈炽，湿得热而湿愈横。湿热两分，其病轻而缓；湿热两合，其病重而速。”基于这样一种对湿热病邪的认识，薛氏进一步提出了湿热病邪致病后，在病机演变上有“蒙”“流”“壅”“闭”“阻”的特点。他提出，“有湿无热，只能蒙蔽清阳，或阻于上，或阻于中，或阻于下。”“湿多热少，则蒙上流下，当三焦分治。”“湿热俱多，则下闭上壅，三焦俱困矣。”显然，湿热之邪，或阻、或蒙、或流、成闭、或壅，均阻碍三焦气机，影响人体正常气化功能。三焦总司人身气化，其气化、水行又皆以中焦脾胃为枢纽；中焦湿热不解，升降失职，影响上下两焦气化失畅，三焦俱困，则气阻水闭，邪火郁滞而变证蜂起。因此，以中焦脾胃为中心的三焦气化失常是湿热证的病理基础，治疗当抓住要害，以调理气机，恢复正常气化功能为主要宗旨，方能动中肯綮。如薛氏在医案中所云："夏季之湿郁，必伤太阴脾，湿甚生热，热必窒于阳明胃脉，全以宣通气分，使气通湿走热清。"柳宝诒亦认为："治湿热两感之病，必先通利气机，俾气水两畅，则湿从水化，热从气化，庶几湿热无所凝结。"（《柳宝诒医案·伏暑·许案》）

（5）湿热病的病机演变

薛雪对湿热病病机演变的描述，即是他辨证施治的纲领。薛氏是以正局、变局作为纲领来具体描述湿热病的病机演变。正局是湿热病病机变化之常，变局是病机变化之变。正局，是指湿热病邪中以湿为主，病变部位以脾胃为重心，病机以阻蔽清阳、影响三焦气化为主，其证候表现有上、中、下三焦之侧重。变局，是湿热证之变，指湿热病发生了病位、病机及临床特征的改变。薛氏云："病在二经之表者，多兼少阳三焦，病在二经之里者，每兼厥阴风木……故是证最易耳聋干呕，发痉发厥。"薛氏所论"表里"实寓内外之含义，就是说阳明太阴二经居于中，太阳少阳居于外，少阴厥阴居于内，内外表里互辞。按照这种划分方法，脾胃二经之表（外）当有太阳、少阳，其里（内）有少阴、厥阴，其中少阳以胆为主，厥阴以肝为主。肝胆与脾胃在生理上互相依赖，在病理上更容易表现出相互影响。由于少阳厥阴同司相火，中焦湿热不解，郁甚则少火皆成壮火而表里上下，充斥肆逆。窜于二经之表，多犯于少阳经，见耳聋干呕，以其经脉循行过耳，胆火上冲故尔；窜于二经之里，多归于厥阴经，或火郁心包、或引动肝风而成痉厥。

2. 三焦辨证，常中寓变

薛雪所处之时，仲景六经分证已历经一千多年，为后世崇为"用以识万病”的辨证大法；而叶天士的卫气营血辨证刚刚问世，三焦辨证已在河间辨治消渴及叶氏医案中有了先例。薛氏广取这些辨证方法互补为用，把握了湿热证的病机实质和传变规律，形成了以三焦辨证为常法，卫气营血辨证为变法，融六经辨证、脏腑辨证等多种辨证方法为一炉的独特的辨证方法。

（1）三焦辨治为常

薛雪认为，“湿热之邪，不自表而入，故无表里可分，而未尝无三焦可辨”“湿多热少，则蒙上流下，当三焦分治”，三焦辨治是湿热病辨治之常法。湿蒙上焦，需分虚实。若属湿热病初起，浊邪蒙闭上焦，此为实。薛氏以涌泄之法，循《内经》“因其高者，引而越之”之旨，涌泄祛邪，邪从吐散。若病后，余邪蒙闭上焦，此为虚，当用轻清之品，宣阳除湿。湿伏中焦亦有轻重之别：轻者治用藿香、佩兰、蔻仁、石菖蒲以芳化，郁金、厚朴、六一散等以疏利，使伏湿得解；若湿邪极盛于肠胃之证，重用辛开之厚朴、半夏、干菖蒲、草果等，使气机得行，湿邪得化。湿热下流，滞于膀胱，用滑石、猪苓、茯苓、泽泻、萆薢、通草等渗利清热是常法；而加杏仁、桔梗以开上，源清则流洁，则是变法。

（2）卫气营血辨治为变

尽管薛雪没有具体阐述湿热病卫气营血次第传变规律，但是全论的字里行间却可见“卫”“气”“营”“血”等字样。薛雪认为“有湿无热，只能蒙闭清阳，或阻于上，或阻于中，或阻于下”，依三焦累及。而“湿热一合，则身中少火悉化为壮火”，此时热偏重，应从卫气营血的角度来考虑其辨治。

卫分阶段：同为在表之邪，薛雪以阴湿、阳湿分别之。阴湿为湿伤肤表，热象未显，治疗取藿香、香薷、薄荷、牛蒡子等芳香宣透，加苍术、羌活以祛湿。阳湿为湿热伤犯肌肉关节，热象已显之证，由于病位深入、病性化热，治疗上以滑石、豆卷、苓皮、通草等清利之品，替代辛温之苍术、羌活、藿香等。

气分阶段：有邪热结实于胸膈与阳明之不同。虽同有神昏、抽搐之证，前者用凉膈散加减，釜底抽薪，利在速战，后者多伴津伤，多生津泄热，增水行舟。

营分阶段：有热灼心包之神昏谵语，有营液大耗、肝风内动之发痉、头痛不止，还有气热未尽、气营两燔之斑疹、神昏、痉厥等变化。三者均用犀角[①]、羚羊角、生地、玄参等养阴凉营，但热入心包要辅以至宝丹、石菖蒲清心开窍，液耗风动佐用钩藤、蔓荆子息风止痉，气营两燔则要在凉营同时以银花露、方诸水、金汁清泄气热。

血分阶段：有热入血室之证，有湿热深入血分，走窜欲泄之险证，还有湿热内陷厥阴血分之腹痛圊血。前两者治疗上同以犀角、紫草、茜根凉血散血，银花、连翘清热解毒，只是剂量大小有异。湿热内陷厥阴血分则仿白头翁汤治法，凉血清热止血。

相对于三焦辨治，卫气营血辨证是一条变法。但是在每个阶段，亦是有常有变，法度灵活而不失规矩。

（3）三焦辨治中的常中之变

前文探讨了三焦辨治之常法，薛雪还以大量的笔墨讨论湿热病在三焦的每个阶段的病机之变局，由此产生了常法中的变法。由于内容较多，故单独讨论。

病在上焦，除了顺传中焦之外，还可以有以下几种变化：一是湿热由表侵入经络脉隧中而致痉，治疗用滑石利湿，黄连清热，秦艽、灵仙、丝瓜藤、海风藤、地龙等宣通经络，开噤止急；二是湿热阻遏膜原，寒热如

---

① 犀角：现为禁用品，可用代用品。下同。

疟，治仿吴又可达原饮之法；三是湿热病邪直接阻闭中上二焦，急重用槟榔、鲜菖蒲、六一散加皂角、地浆水疏化湿热，湿去则热清。

病在中焦，大体上有热化、寒化两途。热化的情况有三种：一是湿热悉化壮火，胃液受劫，胆火上冲；二是素有痰饮，湿热内留，木火上逆。二者同为阳明少阳同病，前者清阳明之热兼散少阳之邪，后者则涤饮与降逆同施，薛雪自谓两条“同而治异”。三是胃热移肺，肺不受邪，还归于胃之呕恶不止。仍是以呕吐之治与前两条对举，此是降湿热、通肺胃，选用著名的苏叶黄连汤。太阴虚寒则为寒化的情况，轻者用甘淡平和之品调养脾胃、升清降浊，重者用理中之法，匡扶中气。

病在下焦，主要有伤阴、伤阳之变。“热邪直犯少阴之阴”，治仿猪肤汤凉润；“湿中少阴之阳”，当用人参、白术、附子、茯苓、益智扶阳祛湿。若病邪深入下焦日久，阴阳两困，气钝血凝，邪不得外泄，见口不渴、声不出，与饮食亦不却、默默不语、神识昏迷等症，须仿吴氏三甲散破瘀通络为治。

（4）其他辨证方法的融合

除了上述两种主要的辨证方法之外，薛雪还将六经辨证、脏腑经络辨证等方法有机地渗透其中。

全书开篇就提到：“湿热病属阳明太阴者居多。中气实则病在阳明，中气虚则病属太阴。病在二经之表者，多兼少阳三焦；病在二经之里者，每兼厥阴风木。”这显然借鉴了仲景六经分证的思路。如23条“热邪传入厥阴之证”，24条“热邪直犯少阴之阴”，25条“湿中少阴之阳”，26条“湿困太阴之阳”等等，都是对六经辨证的延伸和发挥。

17、18、27、28诸条则是湿热病进程中的一些特殊情况，此时单纯应用以前的辨治方法都不甚合拍，所以薛雪把脏腑辨证的方法融入其间，注重脏腑病机的辨识并针对这种脏腑病机来选方用药，颇具匠心。如17条针对肺胃不和的黄连、苏叶的配伍，18条针对邪入肺络的葶苈子、枇杷叶的配伍，27 条湿热余邪留于胆腑的郁李仁、炒枣仁、猪胆皮的配伍，以及 28 条针对病后胃气阴大伤的薛氏参麦汤，都是针对脏腑病机的组方用药。

总之，薛雪的《湿热论》虽没有完全采用六经辨证体系，却又不完全脱离用六经理论来阐明湿热病的病机，这明显地表现在“阳明”“太阴”“少阴”“厥阴”等概念的引入，但其内涵又与伤寒中的不尽相同。全论向人们展现了一个湿热病邪侵犯人体，由表入里、由浅入深的层次结构，并依此阐明了湿热病的病机和临床表现、治法。

3. 法不拘方，选药精当

《湿热论》全篇共列成方（或法）30 余首，其立法不拘成方，以法示人以规矩，所立宣湿、化湿、燥湿、渗湿、胜湿等治湿五法，开后世治疗湿热证之滥觞。任应秋先生认为“湿热之变因多端，能得其治疗之要者，此作之外，殊不多觏”，并荐曰：“尤宜习之而不可废”。另外，论中还蕴有微汗、攻下、破滞通瘀、养阴护虚等法，不仅在湿热病发展变化过程中，应对复杂病机必不可少，对于内伤杂病中出现相似的病机亦可借鉴。

（1）治湿五法

湿热之病最为缠绵，而湿热之治亦甚难遣药，盖湿宜温化，然用药偏温则热炽而津液反伤；热宜清凉，但用药凉则湿滋而阳气益闭，顾此碍彼，用要綦难。叶氏《外感温热篇》中“或透风于热外，或渗湿于热下，不与热相搏，势必孤矣”的先见，给予薛氏分解湿热的启迪，论中其创立了宣湿、化湿、燥湿、渗湿、胜湿五法，示人以规矩。

宣湿，主要指辛开宣肺，轻透达邪。薛氏常用杏仁、桔梗、枳壳等轻苦微辛之品宣通上焦气机，以使气化则湿化，利肺以行脾，源清而流洁，三焦气机得畅。薛氏非仅是以辛开宣肺治上焦之湿，其宣湿透邪的思想贯于整个湿热证的治疗过程中。如邪在气分，用芳香透化的藿香、佩兰、荷叶；湿邪化热，用泄热透表的薄荷、豆豉、豆卷；透达膜原用厚朴、槟榔、草果、生姜；邪入营血，参以银花、连翘透热转气；浊邪蒙窍，配以菖蒲透窍清心，芫荽内通外达及皂角辛通开窍。临证对该法取深用宏，方谓得薛氏三昧。

化湿，主要指芳香化湿。薛雪常用藿香、佩兰、蔻仁、菖蒲、郁金芳香行气，醒脾运湿。

燥湿，主要指苦温燥湿。对湿邪较盛者，薛氏常用苍术、厚朴、草果、半夏辛开苦降温化以燥湿。

渗湿，即甘淡渗湿。薛雪常用滑石、通草、二苓、泽泻、萆薢、六一散等渗利小溲之品，使邪从小便而出，利湿则阳自通，暗合叶氏“通阳不在温，而在利小便”之旨。

胜湿，是取风药能托化湿邪而出，风能胜湿之义。且风药升阳有鼓动中焦，促进脾胃转输以清除湿邪的作用。薛雪常以秦艽、威灵仙、苍耳子、海风藤等药散风除湿疏肝，使湿去热清，脉络通达而风自息，筋脉得养而抽搐自止。

薛雪的治湿五法，常常相伍为用。比如原文第10条集中反映了其治湿法度的配合使用。对湿热证、湿伏中焦之正局，所选药物有四组：即杏仁、桔梗、枳壳轻苦微辛，宣肺利气，此为宣湿；藿香、蔻仁、菖蒲、佩兰、郁金芳香运脾化湿，此为化湿；苍术、厚朴、草果、半夏辛苦温理气燥湿，此为燥湿；六一散淡渗清热利湿又不伤阴，此为渗湿。诸法合用共凑湿热两分，湿化热去之功。

薛雪治疗湿热之证，基于“湿去则热孤”的思想，重在是湿热两分，但并不排斥清热的运用。由于湿热之邪最忌寒遏，苦寒太过，易留湿致困，所以薛雪擅以连翘、绿豆衣、豆卷、六一散等辛凉轻清之品以达透泄热邪之效。同时基于苦寒易于化燥伤阴，及寒遏阳气致湿邪更不易消除的原则，薛氏在湿热证的治疗过程中多慎用苦寒之品。其治湿慎用苦寒有四点可证：一是对羁渐化热投以辛凉轻透而未选苦寒之味；二是即使对湿热俱盛阻闭上中二焦“胸闷不知人，瞀乱大叫痛”之证，亦主张以“通开闭为急务，不欲以寒凉凝滞气机也”；三是湿热化燥后，方用大剂犀角羚羊角、玄参等咸寒之品，法取“热淫于内，治以咸寒”之旨，仍未用苦寒直折其热；四是需用黄连苦寒之时，不忘以辛温节制苦寒，如黄连与苏叶配用，并善用酒炒黄连，取性兼流通，以防守而不走。

（2）参合他法

薛雪运用微汗与攻下之法，贵在揆度时机。如他所说：“既有不可汗之大戒，复有得汗始解之治法。”在论中21条，他妙用六一散中的滑石，取其上达腠理，下行水液之长，与薄荷叶轻清辛凉透表相默契，使蕴遏肌表之邪得微汗而解。他对湿火化成燥火，大便闭结不通，舌苔干黄起刺，甚至发痉撮空，胃津告竭之证，提出“清热泄邪，止能散络中流走之热，不能除膈中蕴结之邪”，果断施以承气汤，并总结出“阳明实热，假阳明为山路”的原则。

薛雪还深得叶天士“入血就恐耗血动血，直须凉血散血”的旨趣，不仅习用紫草、茜根、赤芍、丹皮等活血化瘀药与咸寒清热药并用，且虑其湿热之邪久羁入络而仿用三甲散，以虫类灵动之物入络破滞通瘀，着眼点是“冀其络脉通而邪得解矣”，为后世开辟了久病湿热不解用通络法的治疗领域。

薛雪的养阴保津法，并未拘湿证忌滋阴之禁，但又顾及“救液则助湿，治湿则劫阴”，故仿仲景麻沸汤之法对病后湿邪未尽，阴津内伤者，用於术泡于米汤内，隔夜去术煎饮，取气不取味，走阳不走阴，养阴逐湿两择其长。他还善用西瓜汁、生地汁、甘蔗汁滋养胃液，以猪肤汤凉润滋肾泄热，皆为生津养阴之例。并用清热以救阳明之液，攻下以存未亡之阴，凉血解毒以救阴泄邪，又从祛邪以扶正的角度确保津液不受耗损，亦为后世可效之法。

久病之余，正气必疲。薛雪善于瘥后调理，其见解是“恶候皆平，正亦大伤，理合清补元气，若用腻滞阴药，去生便远”。他选用轻清芬芳，甘淡清补之品，既利于正气的匡复，又利于余邪的外撤，以薛氏冠名的五叶芦根汤、参麦汤，至今仍为临床习用不衰。

（3）遣药精当

《湿热论》计用药物 90 余味，遣药精当。对其常用药物可归列以下十余类：

辛散透表：香薷、羌活、苏叶、蔓荆子、芫荽、淡豆豉、豆卷、薄荷、牛子、桔梗、杏仁、葛根、荷叶、柴胡等；

芳香开窍：藿香、苍术、菖蒲、蔻仁、佩兰、川朴、草果等；

祛风逐湿：秦艽、威灵仙、苍耳子、海风藤、木瓜等；

行气导滞：木香、郁金、香附、乌药、枳实、槟榔、丝瓜络等；

淡渗利窍：滑石、通草、苓皮、米仁、泽泻、冬瓜仁、萆薢、猪苓等；

清肺化痰：瓜蒌、葶苈、枇杷叶、橘皮、半夏、猪胆皮等；

清热泻火：川连、栀子、银花、连翘、白头翁、贯众、绿豆壳等；

通腑泻浊：大黄、玄明粉、金汁、郁李仁、生首乌等；

凉血清热：犀角、生地、丹皮、紫草、赤芍、茜根等；

养阴生津：石斛、麦冬、女贞、芦根、稻根、西瓜白汁、甘蔗汁、玄参、地浆水、方诸水、猪肤等；

活血化瘀：地鳖虫、山甲、皂角、桃仁等；

平肝息风：羚羊角、钩藤、天虫、鳖甲等；

益气扶正：人参、黄芪、附子、益智仁、白术、茯苓、扁豆、莲肉、谷芽、枣仁等。

薛雪在用药方面有几个显著的特点。首先，他注重使用鲜药。论中鲜生地、西瓜汁、鲜荷叶、鲜菖蒲、鲜莲子、鲜稻根等，比比皆是。中医临床应用鲜品药物治疗疾病具有悠久的历史，鲜药的应用贯穿于中医药学起源和发展的全过程。鲜药汁液含量较充沛，气味较陈品更加轻清，芳香类的药物挥发成分保留得较多，对于湿热、阴虚发热等证候更为适合。其次，他很注意用药部位的选择。比如藿香，在论中第 3 条治疗“阳湿伤表”及第 9 条治疗“湿邪蒙绕三焦”，强调用藿香叶，取其轻清上浮，透达外邪。而在第 8 条湿热阻遏膜原、第 10 条湿伏中焦时则不再强调，味厚更易入中焦，收芳香化湿之功。再次，注意药物的炮制、煎服法以及用药的剂型。比如论中酒淬黄连、醋炒鳖甲、土炒山甲等药物体现了薛雪在药物炮制方面十分讲究。在煎服法方面，比如第 19 条，治疗病后湿邪未尽、阴津内伤者，用於术泡于米汤内，隔夜去术煎饮，取气不取味，走阳不走阴，养阴逐湿两择其长。剂型方面，如第 15 条用西瓜汁、生地汁等磨服郁金、木香、香附、乌药，自谓“不用煎者，取其气全”。最后，薛雪在治疗疾病中对药物的选择方面也是独具匠心。比如第 34 条破滞通瘀的虫类药物、第 4 条治疗湿热侵入经络的藤类药物的选择，这些细微之处不可不察。

笔者体会《湿热论》立法遣药，师古勿泥，圆机权变。薛雪在“湿热之病，阳明必兼太阴”之论理指导下，着眼于湿，关乎于热，注意邪正关系，平调阴阳偏颇。其治湿思想的核心为湿热宜分不宜合，“湿热两分，其病轻而缓，湿热两合，其病重而速。”他以三焦辨证为纲，结合卫气营血辨证等其他辨证方法，将人体湿热为病的演变与治疗规律条分缕析，极尽变化，给我们留下一笔宝贵的辨治湿热病的财富，值得认真总结、学习，并在临床工作中实践、深化。

（二）注《内经》，畅达经旨

薛雪一直致力于《内经》的研究，从他为《内经知要》作序来看，其时已 84 岁高龄，可见其对《内经》用功之深。由于《内经》在我国医学上的理论渊薮地位，及其文意的古奥难通，所以从隋代杨上善注本《黄帝内经太素》和唐代王冰注本先后问世以来，为《内经》作注者代不乏人。而薛雪集注的《医经原旨》，则是其中较有个性的一种。在“绪言”中，薛雪谈到，“闻陈言于古老，敷衍成之”的《内经》，虽然医理“不磨”，然而“文多败阙”。因此，在集注过程中，他借鉴了张景岳《类经》别裁伪体、分类注释的做法，把《内经》中《素问》《灵枢》两经的编目体例来一个“彻底掀翻，重为删述”的改编工作，以期符合《内经》的原意本旨，有利医家的临床实用。经过“重为删述”的《医经原旨》初刊于清高宗乾隆十九年甲戌（1754），全书计分6卷，基本采取了《类经》的分类方法，将《内经》原文摘要归类分为摄生、阴阳、藏象、脉色、经络、标本、气味、论治、疾病9类，而对《类经》中的针刺、运气、会通3个类别则没有选取。另外，张景岳在每个类别之下，按照选取经文所在的篇目，又有分类、编次并设立标题，薛雪则把这一级分类取消，把这一类内容整合在一起，并进行了部分删减。薛雪的注释基本以《类经》注解为主，并且时出己意，故而读来一目了然，基本上可以视为是一个《类经》的缩编、节略本，有着简明而义理尽出的特色。对比《类经》主要有以下几种改编方法：

首先，将《内经》中不甚重要的语句径自删去不注。比如《素问·上古天真论》云：“愚者不足，智者有余。有余则耳目聪明，身体轻强，老者复壮，壮者益治。”经文之后，尚有“是以圣人为无为之事，乐恬淡之能……此圣人之治身也”一段。张景岳不仅选取了这一段，并对这一段经文进行了详细了注释，而薛雪则将这一段径自删去不注。对《内经》的有些语句也做了删改，比如《灵枢·邪气脏腑病形》中“首面与身形也，属骨连筋，同血合于气耳。天寒则裂地凌冰，其卒寒或手足懈惰，然而其面不衣何也”一段，薛雪改编为“首面与身，属骨连筋，同血合气。天寒地裂，手足懈惰，其面不衣”。这种改编往往出现在黄帝与岐伯对话的地方，薛雪常把对话的形式改编为叙述的形式。对于有些《内经》语句，薛雪也有不进行注解的情况。比如《素问·五脏别论》中“拘于鬼神者不可与言至德，恶于针石者不可与言至巧，病不许治者病必不治，治之无功”一段，薛雪就没有注释。

其次，薛雪对张注进行了缩编和删减。对于张注中引用的《易经》、朱熹的论断往往删去。比如《素问·阴阳应象大论》中“天地之动静，神明为之纲纪”一句，张氏曾引用《易经》中“神也者，妙万物而为言者也。”一段文字作为辅助解释，薛雪则删去了这些引文。对于张注中的引文，薛雪有时将其删减，并入注文中。比如对于《素问·阴阳应象大论》中“年四十而阴气自半也”一句注解时，张氏曾引用《钟吕集》中“真气为阳，真水为阴……”的话语进行论述，而薛氏则将这段文字并入注文中，并没有显示引文的出处。对于张注中的心得部分——“愚按”部分，基本全部删去。这部分内容往往是张氏个人心得，有些写得较为冗长，有时有喧宾夺主之感，薛氏把这部分删去，使得注文更加精炼。

除了对张注的删改之外，个别之处也有薛雪自己的观点。比如对“冬伤于寒，春必病温”一句的解释。薛雪指出:“冬伤于寒者，以类相求，其气入肾，其寒侵骨。其即病者，为直中阴经之伤寒；不即病者，至春夏则阳气发越，营气渐虚，所藏寒毒为外邪唤出，名为温病。所藏者少阴，所合者太阳，与少阴为表里也；所发者少阳，所病者寒热，由内出外而未及于表也。然温病多起于冬不藏精及辛苦饥饿之人，盖冬不藏精则邪能深入，而辛苦之人其身常暖，其衣常薄，暖时窍开，薄时忍寒，兼以饥饿劳倦，致伤中气，则寒邪易入，待春而发。冬不藏精者死多生少，冬伤于寒者死少生多，在根本之拔与不拔耳。又有天地间一种乖戾之气，时行传染，沿村阖户，虚者先受，不必冬寒而病者矣。避之之法，皆在节欲节劳，仍勿忍饥而近其气，自无可虑。”这段文字说明了这样几个观点：一是从发病方式的不同界定了伤寒与温病的不同，伤寒是感寒即发，温病是寒毒内发，而且从六经辨证的角度分析了温病的病机特点，“所藏者少阴，所合者太阳，与少阴为表里也；所发者少阳，所病者寒热，由内出外而未及于表也”。二是指出了“冬不藏精”和“冬伤于寒”的区别，这是决定温病和伤寒不同的关键。三是提出了乖戾之气致病之说，与伤寒、温病并提，是对外感疾病分类的一个初步构架。

总之，薛雪对于《内经》的研究是卓有建树的，其最大的特点就是执简驭繁，由博返约。其晚年重新校勘《内经知要》，更体现了这一初衷，诚如他在序言中所云：“一日偶然忆及云间李念莪先生所辑诸书，唯《内经知要》比余向日所辑《医经原旨》尤觉近人。”可见这种方便、实用性，是其追求的一个目标。另外，《内经知要》也是分类注释《内经》的著作，可见这种注释方式，也是为薛雪所推崇的。但薛雪并没有提出新的或系统的学术观点，基本是沿袭了张景岳的思想。

薛雪

临证经验

薛雪是温病学派的代表医家。长期以来，学者们多关注其《湿热论》的理法方药学术思想，从其医案中挖掘临证诊疗规律的研究并不多见。薛氏的医案最主要的有两部，即《三家医案合刻·薛案》与《扫叶庄医案》，两部皆不是薛雪原著，而是后人辑录的。前者是由清末苏州吴中名医吴金寿由朱润及沈莲溪手抄本中辑出，不分章次，共有内科、妇科及温病病案75则。在书后还附有《温热赘言》，即薛雪《湿热论》的别本，也是王孟英辑录《湿热病篇》所本。薛雪号一瓢，吴金寿号寄瓢子，可见其对薛雪的仰慕之情。该案文风俊逸，引经据典，符合史载薛雪之行文风格。从这几方面因素考虑，这部分医案的可信度较大。后该案被收入《中国医学大成》(《温热赘言》被删除)，民国陆士谔辑录的《薛生白医案》就是对该案的分类编排，并同时附叶案，以资对照。秦伯未先生编辑的《清代名医医案精华》也是本于该案，足见其影响。《扫叶庄医案》为裘吉生由未刊本辑入《珍本医书集成》中。书凡4卷，证分23门，辑病案数百例。此案文字简洁，文风与前案有异。但从其治温热用药轻宣灵透，治湿温尤重杏、朴、苓、通的风格来看，与前案又似出一辙。

综上考虑，笔者的研究以《三家医案合刻·薛案》为主，以《扫叶庄医案》作为重要的补充与参照；通过对薛雪医案中数量较多、临床常见的十余个病种的治法进行研究，挖掘其治法与方药配伍规律，以期为临床提供有益借鉴和启示。

一、四时温病

作为温病学派的代表医家，薛雪对于风温、春温、外感湿病、外感暑病、秋燥等几类温病都有医案存世，从中可以管窥其诊治四时温病的经验。

（一）风温

风温，是感受风热病邪所引起的急性外感热病。其特点为初起以肺卫表热证为主要证候，临床常见发热、微恶风寒、口微渴、咳嗽等表现。本病四季均可发生，但以冬春两季多见，发于冬季者，也叫冬温。风温一名，首见于汉代张仲景《伤寒论》："太阳病，发热而渴，不恶寒者，为温病，若发汗已，身灼热者，名曰风温。"但仲景所指的风温是热病误治后的坏证。唐代孙思邈《备急千金要方》引《小品方》之葳蕤汤，作为治疗张仲景所述风温的主方。宋代庞安时在《伤寒总病论·卷五》中说："病人素伤于风，因复伤于热，风热相搏，则发风温。四肢不收，头痛身热，常自汗出不解，治在少阴厥阴，不可发汗，汗出则谵语。"对风温病的因、机、证、治等方面有了新的认识。至清代，叶天士在《三时伏气外感篇》中明确指出："风温者，春月受风，其气已温，《经》谓春气病在头，治在上焦。肺卫最高，邪必先伤。此手太阴气分先病，失治则入手厥阴心包络，血分亦伤。"不仅提出风温是感受时令之邪所致的新感温病，而且还阐明了风温的病机特点和传变趋势。尔后，清代的著名医家如陈平伯、吴鞠通、吴坤安、王孟英等，都对风温病的因、证、脉、治作了阐述和补充，从而进一步丰富了风温病辨证论治的内容。

纵观薛雪这部分医案，其讨论的重点在于风温初起及后期一些变证的治疗，基本不涉叶天士详述的气分、营血分的证治，这部分内容可参考其春温部分医案的治法。从其按语中的论述来看，薛氏多着力于叶氏语焉不详的内容，尽可能对叶氏的理论框架进行了补充。比如在感邪途径方面，叶氏仅笼统提出“温邪上受，首先犯肺”，而薛氏则在此基础上，又吸收了吴又可的观点，提出：“温邪感触，气从口鼻，直走膜原中道。”所以在他论述的证候类型中，又有温邪入膜原一类。在发病方面，他吸收了王叔和、朱肱的观点，提出“天地失藏人身应之，患此者最多”的看法，认为温病的发生，不论风温、春温，皆于冬天没有很好的闭藏阳气、阴精有很大关系。在于伤寒鉴别方面，叶氏虽然提出“若论治法则与伤寒大异也”的观点，但是究竟有哪些差异并未明示，薛氏则明确指出：“伤寒阳症，邪自太阳次第传经。盖春温夏热，鼻受气则肺受病，口入之气，竟由脘中，致以手经见症，不似伤寒足六经病也。”以下结合具体病案，探讨薛氏诊治风温病的治法。

案例 1

风温咳嗽，下焦阴虚，先以辛甘凉剂清上。

桑叶、大沙参、麦冬、玉竹、川贝、生草，糯米泡汤煎。

案例 2

咳嗽二年，形瘦谷减，冬季喉垂渐痛，可见水亏。阳气不藏，春月气日甚，皆阴乏上承，阳结于上，为喉痹矣。近日寒热风温客气，脉小数为阴伤，忌用辛散。

桑叶、沙参、川贝、玉竹、麦冬、生草。

案例 3

失藏人身应之，患此者最多。考古人温病忌表散，误投则劫津，逆传心胞，最怕神昏谵妄。治法以辛甘凉润为主，盖伤寒入足经，温邪入手经也。上润则肺降，不致膹郁，胃热下移，知饥渴解矣。

嫩竹叶、麦冬、桑叶、蔗浆、石膏（白糖拌炒）、生草、杏仁。

这三则医案，比较清晰地体现了薛雪治疗风温初起的法度，即“治法以辛甘凉润为主”。尤其是前两案的用药基本是一样的，以桑叶辛凉宣泄肺气，沙参、玉竹、川贝、麦冬润肺止咳、甘寒清热。案3则通过按语将其治法的机理阐述地更为清晰，“上润则肺降，不致膹郁，胃热下移，知饥渴解矣”。案3清热之力较前两案为强，但其治方法度则一。

案例4

舌赤头痛，恶心脉大，温邪入募原也。

白蔻仁、桔梗、枇杷叶、鲜醒兰、瓜蒌皮、天花粉、大杏仁、枳壳。

本案显然是薛雪在仿吴有性的邪入膜原之治。吴有性认为，“邪自口鼻而入，则其所客，内不在脏腑，外不在经络，舍于伏脊之内，去表不远，附近于胃，乃表里之分界，是为半表半里，即《针经》所谓横连膜原是也”“邪气盘踞于膜原，内外隔绝，表气不能通于内，里气不能达于外，不可强汗”。其创制达原饮用意并不是化湿，而是以“槟榔能消能磨，除伏邪，为疏利之药，又除岭南瘴气；厚朴破戾气所结；草果辛烈气雄，除伏邪盘踞；三味协力，直达其巢穴，使邪气溃败，速离膜原，是以为达原也”。薛雪继承了吴有性的这些认识，在温邪的感邪途径方面，也认为：“温邪感触，气从口鼻直走膜原中道。”既然走膜原，就会出现温邪直犯膜原的证候，昔乎对此证之表现薛雪语焉不详，其实吴又可在论述温疫邪犯膜原的证候表现时，也仅仅以“温疫初起，先憎寒而后发热，日后但热而无憎寒也。初得之二三日，其脉不浮不沉而数，昼夜发热，日晡益甚，头疼身痛”这样一组症状来描述，并未结合膜原的生理病理，将临床表现的机理说透。薛氏的组方也吸收了吴氏的思想，全方以开达气机为主。既有宣肺的桔梗，又有降肺的杏仁、杷叶，并以枳壳与桔梗升降相合，辅以宽胸散结的瓜蒌皮，可谓上下左右无处不到。蔻仁、佩兰亦是芳香化湿行气之佳品，又有花粉清热护津。笔者认为在本证的辨识上，要紧紧扣住吴又可“内外隔绝，表气不能通于内，里气不能达于外”一语，以气机郁滞作为用该法的切入点。

案例 5

风温变热，烁筋灼骨，足筋肿痛而热，二便不通，夜躁不眠，邪已入厥阴，多惊骇面青，经水不应期而来，为脚气之症。

汉防己、川黄柏、川萆薢、晚蚕沙、海金沙、川通草五钱（煎汤代水）、鲜生地、阿胶、五味、牡蛎、麦冬、白芍、女贞。

本案叙述不甚清晰，既云风温变热，当与湿邪无碍，缘何处方中却大队清热利湿之品。只能是患者脾胃不健，素体蕴湿，热邪侵入，与湿邪相合，下注为脚气之证。本案在传变的特点在于烁筋灼骨和耗伤肝血，所以一面要清利湿热，一面要滋阴养血，如果从此来看，全方利湿而不伤阴、滋阴而不助湿，其立法严谨，配伍精当，颇堪师法。

案例 6

温邪感触，气从口鼻，直走膜原中道，不同伤寒阳症，邪自太阳次第传经。盖春温夏热，鼻受气则肺受病，口入之气，竟由脘中，致以手经见症，不似伤寒足六经病也。仲景论温不可发汗，汗则劫津伤阳，身必灼热，一逆尚引日，再逆促命期。又云：鼻息鼾，语言难，剧则惊痫瘛疭，无非重劫阴阳而然。今病发热，原不是太阳客邪见症，所投羌防，辛温表汗，此即为逆矣，上窍不纳，下窍不便，亦属常事，必以攻下希图泄热。殊不知强汗劫精而伤阳，妄下劫液而亡阴。顷诊脉两手如搐而战，舌干燥而无苔，嘴前干板目欲瞑，口欲开，周身斑纹隐跃，时有呃逆。因胃乏谷气而中空，肝阳冲突上冒肆虐耳。为今迫正，先用糜粥，使胃中得濡，厥阳不致上冒，而神昏之累可已。进药之理，甘温可以生津除热，即斑疹亦不必虑。观仲景论中，邪少虚多，阴液阳津并涸者，复脉汤主之。今仿此意。

甘草（炙）、生地、阿胶、人参、麦冬、白芍。

本案陈述主要分为三个方面。首先说明了温邪的受邪途径，并指出温病与伤寒在传变过程中的不同之处；其次，分析了仲景《伤寒论》中风温的成因，是由于误用汗下，重劫阴阳而致；最后，分析刻下诊治的病人病情，亦是由于本来不是太阳风寒表证，而误用辛温，造成“强汗劫精而伤阳，妄下劫液而亡阴”的危重结局。观目前病人的表现已是热极生风，且有阴伤动血之象，此时应当急急凉肝息风、增液滋阴为治，但是薛雪却以邪少虚多为论，以复脉汤去掉姜、桂等温热之品治之。笔者认为增液有余，凉肝不足。此时正如薛氏所论“肝阳冲突上冒肆虐”，远不是喝一杯糜粥，用一些滋阴凉血之品所能制约的。应该加用羚羊角咸寒清热凉肝，佐以钩藤等息风止痉之品，方为妥当。

案例 7

高年左瘫，近加风温寒热，主客皆病，防其昏痉。

厚朴、广皮、豆蔻、杏仁、木通、苓皮。

案例 8

脉右大，舌黄不渴，呕吐黏痰，神躁语言不清，身热不除。此劳倦内伤，更感温邪，须防变痉。

竹叶、六一散、厚朴、茯苓、白豆蔻、广皮。

这两则医案有一定相似性，前案中的“主客皆病”与其《湿热论》中“主客浑受”，系薛雪借鉴吴有性《温疫论·下卷·主客交》的相关论述而提出的概念。“主客交”一词，出自吴有性《温疫论》，原指素有他疾，致正气虚衰，复感疫邪，不得外解，疫邪留滞于血脉所成之病证。薛雪在此基础上，借鉴了其主客的用法。“主”系指人体正气营血，久病正虚，营血必伤；“客”指客邪，此指风温病邪。主客皆病亦是原有正虚，复感外邪之义。但是，这两则医案的治疗，颇令人不得其妙。前案是高年左瘫，恐有气虚血瘀的病情，由于正气不支，温邪易于传变，或深入营血，或逆传心包，而有昏痉之变，所以治疗上要在顾护正气的基础上，疏表达邪，方为正路。但是观薛雪处方，却是一派化湿行气之品，不知效当安出？后案的临床表现是肺胃痰火正盛，且已现痰火上扰心神，蒙蔽神明之象，此时应大力清热涤痰，开窍醒神，但是处方依然如前，不着痒处。如果仅仅这样治疗，恐怕医案中反复强调的防其昏痉，已为时不远了。

（二）春温

春温，是由温热病邪内伏而发的急性热病。其特点为起病即见里热证候，临床常见发热、心烦、口渴、舌红、苔黄等表现，严重者可见神昏、痉厥、斑疹等。本病多发生在春季或冬春之交或春夏之际。本病的论述肇端于《内经》，其中有言“冬伤于寒，春必病温”“藏于精者，春不病温”，晋代王叔和演绎为“冬时严寒……中而即病者，名曰伤寒，不即病者，寒毒藏于肌肤，至春变为温病。”说明古人认为春温的发生外因冬伤于寒，内因身不藏精，且病邪在体内有相当时间的伏藏蕴化过程。其后有关春温的论述很多，其概念内涵也较繁杂，如首先提出“春温”病名的宋代医家郭雍，在《伤寒补亡论·卷十八·温病六条》中说：“冬伤于寒，至春发者，谓之温病；冬不伤寒，而春自感风寒温气而病者，亦谓之温；及春有非节之气中人为疫者，亦谓之温……然春温之病，古无专治之法，温疫之法兼之也。”可见郭雍所谓春温是对春季所患温病的总称，其中包括感受春季时令温邪而即刻发病的新感温病如风温、温疫等。直到明初，王安道则明确提出本病为怫热自内而达于外，故起病即见里热之证，从而揭示了春温的证候机理，并强调治疗以“清里热”为主。叶天士在《三时伏气外感篇》中进而发挥道：“昔贤以黄芩汤为主方，苦寒直清里热，热伏于阴，味苦坚阴，乃正治也。知温邪忌散，不与暴感门同法。若因外邪先受，引动在里伏热，必先辛凉以解新邪，继进苦寒以清里热。”特别是其在《温热论》中厘定的卫气营血的辨治方法，也被用于春温发展过程中各个阶段的治疗。薛氏也基本延续了卫气营血的辨证思路，由浅入深，层层施治。需要指出的是，他在案中提及的冬温，一般认为是冬季应寒而暖，感受热邪而致病。从其案中表述来看，当是冬季伏寒，春季而发，应属于现在公认的春温的范畴。所以合并至此，一起讨论。

案例 1

冬温伏邪，先厥后热，深热从里而发，汗出烦渴，当救胃汁。

竹叶心、麦冬、生谷芽、乌梅肉、生草、川石斛。

这则病案记载的是比较典型的春温初起，病发于肺胃气分的表现。虽然冠以冬温之名，其实正是冬季寒邪内伏，至春季深热从里而发，属于典型的春温发病。从薛氏用药来看，基本以养阴生津、甘寒清热为法，并合用了酸甘化阴之法，但似乎养阴有余、清热不足。此时温邪内伏而发，汗出烦渴已现白虎之证，热势较甚，应酌情以苦寒与甘寒之品并进，只有及时清退热邪，才能更好地顾护阴津。薛氏的治疗过于柔润。

案例 2

温邪入肺不解，遂逆传膻中，烦热昏躁，呛出血沫，犹然气喘不食。夫肺主气，心主血，辨症分经，最为要旨。

淡竹叶、阿胶、枯黄芩、六一散。

案例 3

津涸风动，肢强口噤，温邪内陷危笃，以甘缓生津息风，望其出音。

甘草（炙）、麦冬、阿胶、火麻仁、细生地，蔗浆代水煎。

这两则医案属于温邪在气分比较危重的证候，前者是逆传心包，后者是热极生风，笔者认为这两则医案对于了解温病发生发展的规律非常有帮助，但是对薛雪的治疗实在是不敢恭维。前者已是热闭神昏之证，此时用清宫汤送服三宝，都未必能够生还，况这等轻描淡写之品？后者已是热胜动风，此时当急急凉肝息风止痉，但是薛氏却着眼于津伤，试图甘缓生津来息风，恐远水难解近渴也。

案例 4

温邪有升无降，经腑气机交逆，营卫失其常度，为寒热，胃津日耗，渴饮不饥，阳气独行，则头痛面赤。是皆冬春骤暖，天地阴虚温热卫泄，营热久延不已，最为棘手。拟从心营肺卫治之。

鲜生地、金银花、桑叶、小麦、郁金、犀角尖、淡黄芩。

本案虽云营热，但是并未见到肌肤发斑、吐衄等营分证的典型表现。薛氏是从心营、肺卫来立论的，着眼于营卫之间的关系，并不是我们今天所云的卫分证、营分证。从其描述来看，似乎是气分热胜，伤及营阴的阶段。薛雪的选方以生地、犀角凉营，以黄芩清气，桑叶、银花透表达邪，亦与叶氏透热转气之法同义。小麦益心气，郁金凉心血，这两味药使用得比较精妙。全方配伍得当，中规中矩。

案例 5

病邪已去，虚热未除。

生地、玉竹、水梨、生草、麦冬、丹皮、花粉。

案例 6

温邪蒸灼津液，酿为热痰，胃口不得清肃，不饥不食，只宜甘凉生津，峻利不可再投。

麦冬、蔗浆、花粉、嘉定川贝、桑叶、大沙参。

案例 7

客冬感寒，入春化温寒热，药不中窍致令汗泄正虚。因循难愈，议进咸镇一法。

桑叶、阿胶、茯神、生白芍、牡蛎、甘草（炙）。

这三则医案是温病后期，温邪伤及气阴的证候。案 5 是邪伏阴分，阴津耗伤，此时已是邪少虚多之候，所以一面以生地、麦冬、玉竹养阴生津，一面以丹皮、花粉清退虚热。案 6 除有伤阴之证外，还有虚火炼液生痰的情况，属阴虚痰结，所以还选用了川贝、花粉既可化痰又可生津而不伤阴之品。案 7 恐是误用辛温，致使气阴耗伤，虚热留连，汗泄不止，因循难愈。此时以扶中益气、养血敛阴、收敛固涩三法并进，其所谓咸镇一法，即是咸寒之品潜阳、敛阴之义。

案例 8

热邪久伏，风寒外侵，春温气机不藏，内蓄之邪复彰，咳嗽咽痛，两足畏冷。拟辛凉轻剂，制其潜伏之邪热。

桑叶、南沙参、郁金、黑山栀、杏仁、菊花、桔梗、生草。

本案比较复杂，不单纯是春温初起。从案语来看病机当是内热外寒，当清里热、兼疏表邪。薛氏的治疗以辛凉透表、宣肺清热立法，但从症状看还有两足畏冷之寒象，少配伍一些如荆防等辛温宣散之品，并无不可。银翘散中就有这样的配伍，辛温之品与清热之品相配，其温性得以遏制，无助热之弊，而其透散力强的特点得以彰显。

（三）外感湿病

湿邪为患，以其致病特点独特、致病范围广泛、病机演变复杂，受到历代医家的重视，成为临证研究和著书立说的热点。在《内经》运气诸篇中，对湿气与湿邪的产生、湿邪的致病特点和湿病的表现与治法，均做了系统的论述。其后医家的论述基本上是两条线：一条是围绕着《难经》提出的湿温病，在临床实践中展开研究；另一条则是围绕湿邪、特别是湿热合邪致病后的病机演变，探讨湿证或湿热证的治疗规律。薛雪当属于后者，其名世之作《湿热论》，看似在讨论湿热病邪侵袭人体的疾病发生发展的过程，但又绝口不提湿温二字，使得后人困扰于其所论湿热证与湿温病的关系。吴鞠通、章虚谷基本将其所论与湿温病等同，而雷丰则认为不可将二者等量齐观。笔者认为，湿温病仅是湿热类外感病的一种，《湿热论》论述的是湿热类外感病发生、发展、辨治的一般规律，它适用于湿温病，也可以应对其他湿热类外感病，甚或内伤疾病发生发展过程中见到湿热的病机变化，亦可参照变通。从其医案来看，薛雪很清楚湿温病是湿热类外感病的热点，但之所以在其著作中只字未提，我想还是出于与叶天士《温热论》的抗衡。因为《温热论》主要论述的是温热类外感疾病的辨治规律，论中亦未具体论及风温如何、春温如何，所以薛雪亦仿此例。况叶天士还有“且吾吴湿邪害人最广”的感慨，但其书中对湿却少有论述，这可能更激起了薛雪对此详加阐发的兴趣。纵观薛雪这部分医案，主要包括三部分疾病：其一是一般的外感湿邪或湿热之邪引起的外感病；其二是中焦湿滞的病证，既可是外感、亦可是内伤；其三是特殊的外感湿邪或湿热之邪引起的外感病——湿温病。下面结合具体病案讨论薛氏的辨治规律。

案例 1

今年天运寒水，地气湿土，春夏雨湿泛潮，郁勃秽浊之气，人在气交之中，口鼻触受，直走胃络募原，分布上下。如此症初病头胀，痞闷呕恶，必舌白，病全在气分，为里中之表，芳香逐秽，淡渗逐痰。此不为仅以陶氏全书方案竞进，彼寒分六经，热犯三焦，不同道也。且医药初用即泻，暑必夹湿也。消之不降，清之不应，此湿邪乃是无形，医治却是有形。今诊脉小涩，舌干口渴，不能汤饮，胸次软而涩，仍有呕逆之状，当温脾阳以运湿，仍佐辛香，可望其效。

草果、桂枝木、茯苓皮、厚朴、广皮、木防己。

本案与以下三医案诊治的是外感湿邪或湿热之邪引起的外感病，本案的按语与《湿热论》中的论述基本一致。该书认为：湿热类外感病既不同于“伤寒”，亦有异于“温病”。提出“湿热之邪，从表伤者，十之一二；由口鼻入者，十之八九”，“湿热”之邪“由上受，直趋中道”。膜原者，“外通肌肉，内近胃腑，即三焦之门户”，故“病亦多归膜原”。邪入口鼻，归于募原的感邪途径，乃继承了吴又可理论，也是薛雪临证所得。邪归募原之枢，可发散于表而见湿热表证，内溃于里可见脾胃等气分证。初起的表现如首条所言："始恶寒，后但热不寒，汗出，胸痞，舌白或黄，口渴不引饮。"在治疗上，不能用陶氏伤寒六经的治法，也不能用清热泻下的办法，而要"芳香逐秽，淡渗逐痰""温脾阳以运湿，仍佐辛香"，也就是要用芳香化湿和温脾助运相配合。本案的方药，苓桂是仲景化气行水、温阳祛湿的常用组合，厚朴、陈皮则是燥湿运脾、行气和胃的平胃散中的主药，草果气味雄烈，为芳香化湿之猛将。方中的防己比较独特，在以下几案中均可见到，但是《湿热论》中未提及。防己本是清热利湿的佳品，仲景书中就多有运用，但是由于其药用植物的多源性和马兜铃科植物的毒副作用，目前大大制约了该药的使用。防己自古以来分为汉防己和木防己两大类，《本草拾遗》认为："汉主水气，木主风气，宣通。"汉防己偏于利湿走里，可利小便以消肿；木防己偏于祛风而走外，用于祛风湿以止痛。薛氏在这里选用木方己，或取其在清热利湿之中又有通络透散之力。

案例 2

牙齿常紫，膝盖酸痛，上年秋季为甚，此湿邪阻于经络，阳明之气，不司束筋利机。议宣通脉络之壅，使气血和平。

金毛脊、白蒺藜、生白术、油松节、生米仁、木防己。

湿邪阻滞经络在《湿热论》中亦有论述，但是与本案并不一样。本案的组方选药颇为精当，金毛狗脊为补肝肾、强腰膝、祛风湿之品，白术、苡仁健脾利湿，与金毛狗脊相伍温肾健脾，杜生湿之源。松节亦可祛风燥湿止痛，以松节治关节疾病亦寓有取象比类的思想，蒺藜、木防己均是祛风胜湿佳品。本方组方严谨，选药比较新颖，颇见薛氏不落俗套之治。

案例 3

新沐头痛鼻塞，状似风温，次日寒战大热，胁肋痛不可转侧，自利稀水，乃湿聚于经脉，病在气分，热渴欲饮水。今目黄上视，手肢发痉，舌苔白齿板燥，胸中隐隐痛，皆邪深痉变凶。

木防己、桂枝木、大豆黄卷、茯皮、天花粉、菖蒲汁。

案例 4

用木防己汤，痉厥已缓，经脉郁伏湿邪已解，胃汁大伤，痰嗽气闪，与甘药不伤胃气。

甘蔗浆、南花粉、薏苡仁、川贝（炒黄）、麦冬。

这两则医案应该是连续的，反应了病情的发展变化以及薛氏在治疗上的应对。一诊时为湿热之邪弥漫于胸胁，气机不畅，且有化燥伤阴动风之象，病情较为严重，薛雪仿仲景治疗膈间支饮的木防己汤，加用清热化湿之品。余意石膏大清气分，亦可不去。二诊湿化阴伤，与清热生津化痰之品，滋而不腻、甘寒润降。木防己与桂枝的配伍在《扫叶庄医案》中多次见到，其寒温相配恰好应对湿热相合的病机，体现了薛雪对仲景学说的继承与发展。以上三案数量较少，虽然不能很系统展示薛雪《湿热论》中述及的治疗湿热类外感病的理论，但是其脉证方药多为《湿热论》之未备，《湿热论》阐发的是一般规律，而这些恰是实践中的特殊情况，值得认真学习。

案例 5

脉沉缓，目黄舌白，呕恶脘腹闷胀。此冷暖不和，水谷之气酿湿，太阴脾阳不运，周行气遂为阻。法当辛香温脾，宣气逐湿，用冷香饮子。

草果、藿梗、半夏、茯苓皮、厚朴、广皮、杏仁、茵陈。

案例 6

春夏地气上升，身处山麓，亦有瘴气混于水土之中，饮食不觉，脾胃气困，频年长夏舌黄腹胀，便秘成泻，皆湿阻清浊不分。两年治效，多以分消，每交春深，山行蔬食，俾气清流畅，则无是病。

生白术、米仁、广皮、苓皮、厚朴、生智仁、桔梗、金石斛汁法丸。

又煎方：草果、广皮、大腹皮、猪苓、厚朴、苓皮、莱菔子、泽泻。

这两则医案是中焦湿滞，既可以视为是外感湿邪，波及中焦，亦可是脾胃虚弱，内生湿浊。薛雪在《湿热论》篇首即指出："湿热病属阳明太阴者居多。"湿热病发生与否，关键在于脾胃之气。若中气旺，虽募原伏邪，可暂不发病。一旦脾胃气弱，邪气深入而发病。以脾胃为重心的湿热病理论乃薛雪之创见，不但对于认识和掌握本病的发展变化非常重要，且在辨治上更具有意义。案 5 是典型的中焦湿滞的表现，"辛香温脾、宣气逐湿"是薛氏对此类证候治法的精辟概括。此法包括了芳香化湿、行气导滞、温阳健脾三方面用药，冷香饮子恰为这三法配合的代表性方剂。草果为芳香化湿、陈皮行气导滞、附子温阳暖脾，甘草甘缓助湿，薛雪多不用，附子视阳虚情况酌用。藿梗、半夏、茯苓皮、厚朴则是薛雪必伍之品，亦是后世藿朴夏苓汤的主药，这四味药和草果、陈皮的组合在许多医案中都有使用。本案中还加用了杏仁以开达肺气，通利水之上源，茵陈利湿退黄。

案例 7

夏季水土之湿，口鼻受气，着于脾胃，潮热汗出稍凉，少顷又热，病名湿温。医但知发散清热消导，不知湿郁不由汗解。舌白不饥，泄泻。

滑石、白蔻仁、茯苓皮、猪苓、通草、厚朴、泽泻。

案例 8

病本湿温，元气不能载邪外出，有直犯中焦之势矣。拟以栀、豉上下分开之，姜、芩左右升降之，芳香之草横解之，以冀廓清诸邪，未识得奏肤功否。

黑山栀、淡芩、川郁金、生香附、香豉（炒）、生姜、鲜石菖蒲、生甘草。

案例 9

本属湿温。犯在三焦，充斥腠理，误伤手太阴足太阳之气，必致渐入虚损一途，非病之过，治之过也。必移入高明静虚之室，治以百日之遥，庶几得之。拟言开太阳，益太阴。

淡干姜（同五味子捣烂）、茯苓、地骨皮、桑叶、生扁豆、生甘草。

湿温病是一种常见的湿热类外感病，自《难经》提出以来，历代医家皆有发挥，自温病学派崛起以来，对该病的论述颇丰。薛雪在《湿热论》中并未提及湿温的病名，其意在归纳、提炼湿热类外感病发生、发展、辨治的一般规律。在这几个医案中，他提及了湿温的病名，并初步展示了他的治疗思路。案 7 把湿温的病因、致病途径以及临床表现的主要特点勾勒出来，并指出一般的清热消导发散诸法皆不适用，观其方药基本仍是芳香化湿与淡渗水湿合用，与后世的三仁汤、藿朴夏苓汤立意相近。案 8 主要体现了薛雪治疗湿温“廓清诸邪”的重要思想，所以他从上下、左、右、各个方向上疏利气机，“栀、豉上下分开之，姜、芩左右升降之，芳香之草横解之”。之所以有这样的认识，与薛雪对湿热病病机特点的认识不无关系，薛雪提出湿热病邪致病后，在病机演变上有“蒙”“流”“壅”“闭”“阻”的特点，致使三焦气机受阻。而三焦气化、水行又皆以中焦脾胃为枢纽，因此以中焦脾胃为中心的三焦气化失常是湿热证的病理基础，治疗当抓住要害，以调理气机，恢复正常气化功能为主要宗旨。案 9 提出了“开太阳、益太阴”的另一种治疗湿温治法，所谓开太阳就是透散热邪，选用了桑叶、地骨皮，益太阴，即以干姜温脾阳，茯苓、扁豆扶脾气以化脾湿。

（四）外感暑病

暑热病邪是在炎夏盛暑的高温气候条件下所形成的一种致病温邪，具有强烈的火热性质，所以朱丹溪说：“暑乃夏月炎暑也，盛热之气火也。”雷少逸说：“其时天暑地热，人在其中，感之皆称暑病。”可见，暑邪的炎热之性是与炎夏酷暑的气候密切相关的。因而暑邪致病主要在夏季，它所引起的温病主要是暑温。暑为火热之气，性属阳邪，湿为水湿之气，性属阴邪，两者性质虽然不同，但常相兼为患，所以暑热致病每夹湿邪，成为暑湿病邪，其所致之病即成为暑温夹湿证。暑邪易于兼夹湿邪，亦是与夏季的气候变化特点分不开的。因盛暑季节气候炎热，湿气蒸腾，所谓天暑下迫，地湿上蒸所致。在这种自然环境中，暑湿自易相兼。基于这一特点，前人对暑与湿的关系有不少论述。如叶天士有“暑必兼湿”之说，意在强调暑与湿的密切关系。王孟英对暑与湿的关系作了较精辟的阐述，他说：“暑令湿盛，必多兼感，故曰挟，犹之寒邪挟食，湿证兼风，俱是二病相兼，非谓暑中必有湿也。故论暑者，须知为天上烈日之炎威，不可误以湿热二气并作一气始为暑也。而治暑者，须知其挟湿为多焉。”（《温热经纬·卷三·叶香岩三时伏气外感篇》）王孟英此说，准确分析了暑与湿的联系与区别，颇有参考价值。暑邪可以兼夹湿邪，也可以不兼夹湿邪，不兼夹湿邪的即是暑热病邪，由暑热病邪引起的温病如暑温。暑热夹湿即是暑湿病邪，由暑湿病邪引起的温病有暑湿及伏暑。此外，在盛夏季节，人们每喜恣食生冷，贪凉露宿，在这种情况下，在感受暑邪的同时，又极易兼夹湿邪中阻、寒邪外束而成为暑湿兼寒之证。纵观薛雪这几则医案，除暑温之外，基本覆盖了上述暑病的几种类型。案中所言暑风，并非暑热之邪亢盛引动肝风之“暑风”，仍是暑热之风的意思，是病因概念，其导致的疾病基本是伤暑、冒暑之类。曹炳章先生曾总结：“暑之伤人，轻者曰冒，重者曰伤。”这两类是暑病很常见的病种，至于暑温已是很特殊的一类暑邪温病了。暑湿的这几则医案基本体现了薛氏在《湿热论》中论述的、湿热类温病发生、发展、治疗的一般性原则，针对暑邪又有其特殊性。伏暑是暑温、暑湿病邪伏于秋冬季节晚发的一类暑病，所以治疗暑温、暑湿的一些原则仍然是适用的。下面结合具体病案，分析薛氏的治法特点。

案例 1

暑风上郁阳分，昼日头痛，鼻渊。

鲜荷叶汁、青菊叶、滑石、羚羊角、连翘、桑叶、银花。

本案中，暑为阳邪，易袭阳位，头为诸阳之会，尤易受侵。暑邪上受，蒙闭清窍，故有头痛、鼻渊之证。所以用了桑叶、菊花、连翘、银花等轻清上浮、宣透热邪的药物。荷叶是清暑佳品，取汁鲜用，其效尤著。滑石亦是清暑利湿的常用之品，王纶有云“治暑之法，清心利小便最好”，该药正合此旨。羚羊角看似和方中诸药不甚相合，其实笔者认为“羚羊清乎肺肝”，它不仅是凉肝息风的佳品，亦是清泄肺热的良药。而鼻为肺窍，暑热鼻渊，一来用其清肺热、治鼻渊，二来其平肝之功可医头痛，一举两得。

案例 2

暑风痰嗽，目黄，舌白已退，遇风肌热。此肺病未和，薄味不致疟。

六一散、川贝母、栝楼根、地骨皮、桑叶、玉竹。

案例 3

形瘦阴亏，暑热客气未尽，气分有热，故不耐阴柔腻药。

竹叶、川贝母、麦冬、知母、生甘草。

案例 4

阴弱之质，暑风外袭，头蒙口渴，以轻剂肃之。

鲜丝瓜叶、杏仁、连翘、大豆卷、川通草、桑皮。

这三则医案体现了薛氏在诊治暑病过程中对阴津的重视。暑邪其性燥热亢烈，最易伤津耗气，如果患者本身是阴虚体质，伤阴更为可虑。所以在案 2 中除了透热外出的桑叶、导热下行的六一散之外，清肺热的药物均为甘寒之品，且有养阴生津的玉竹相配。案 3 虽然已经有了形瘦阴亏之象，但是由于客热未尽，所以仍不能一味滋阴，选药皆都是甘寒清淡之品。案 4 患者体质为阴弱之质，从症状来看，当时暑中夹湿蒙闭清窍。所选药物在清暑祛湿的同时，又不伤阴液，可谓独具匠心。

案例 5

暑湿郁蒸。

滑石（飞）、竹叶、连翘、淡芩、桑皮、木通。

案例 6

舌白黄不饥，筋骨甚软，自暑湿内蒸，脾胃受伤，阳明胃脉不司分布流行，若不早治，必延疟痢。

白蔻、杏仁、藿梗、木通、滑石、厚朴、广皮、桔梗。

案例 7

香薷饮泄越渗利，颇不宜于虚体，或有人参者，可以凉服暂用，药当平和清暑，以雨湿已久，中宫易困耳。

木瓜、扁豆、人参、茯苓、甘草、醒头草。

案例 8

脉弦长，入尺而数，舌上沾苔，时或发热，大便或溏，显然素禀阴虚，复受暑湿。

草果仁、金石斛、紫厚朴、鳖甲、广橘皮、淡竹叶。

暑湿是感受暑湿病邪引起，以暑热见症突出，兼具湿邪郁阻证候为特点的一种急性外感热病。本病在临床上除表现暑热见证外，还有胸痞、身重、苔腻、脉濡等湿邪内阻的症状。暑湿多发生于夏季或夏秋之交。湿温亦多见于夏秋季节，系感受湿热病邪而发病，起病缓慢，病势缠绵，致以脾胃为病变重心，其功能失调症状较突出。由于湿中蕴热，热象不显，及至化热以后，才表现为热象显著，湿热氤氲，留连气分不解，故发热难退，病程较长。但是二者湿热并存的病机特点是相似的，所以《湿热论》中的治疗原则对二者均是适用的。观案 5、案 6 均言暑湿郁蒸，其用药与湿温基本无二。基本是芳香化湿、淡渗水湿之品，同时加用了清暑热、导心火的药物，如竹叶、滑石等。案7从案语来看是虚体受邪，其提出的平和清暑之治颇引人注目。但观其处方仍偏于化湿，轻于去暑。其提到的人参凉服暂用的服药方法，值得师法。本案中“雨湿已久、中宫易困”的认识，体现了薛雪对脾胃的顾护。案8又是阴虚之体感受暑湿之邪，又是湿热与阴虚两种具有矛盾性的病机共存的情况，淡渗利湿、芳香化湿与养阴生津三管齐下，这是薛雪颇为善于应对的，在其暑湿、湿温案中多次见到。

案例9

虽是伏暑湿邪，平素阴虚，久积劳倦，病发先有梦遗，此柴芍膏连苦辛皆忌。

鲜生地、连翘心、竹叶心、细木通、六一散、金银花。

案例10

伏暑热燥气分，津化痰，形瘦，嗽未止，不饥便溏。

米仁、芦根、白蔻、浙苓、桔梗、枇杷叶。

伏暑的病因是暑邪，即包括了暑热病邪和暑湿病邪两类。夏月感受暑邪，郁伏于体内，未即时发病，至深秋或冬月，由当令时邪触动诱发而成伏暑。以发病急骤、病情深重、病势缠绵为特征，本病起病即有高热、心烦、口渴、脘痞、苔腻等暑湿郁蒸气分，或高热、烦躁、口干不甚渴饮、舌赤暑热内炽营分等里热见症。鉴于本病发病季节有秋冬迟早之不同，加之初起即有明显的里热证，因而又有晚发、伏暑晚发、伏暑秋发、冬月伏暑等名称。观薛雪病案与经典的伏暑理论所表述的病情差别较大，其病情与伤暑、暑湿相似，选方用药亦不外利湿、涤暑、甘寒护津之治。列两案于此，主要是将薛雪四时温病的架构显示清楚。

案例11

暑者，热中之阴邪也，心先受之，侵入胞络，怠惰不语，神昏肢冷，为不治。今脉迟软，渐有是机，四末渐冷，竟有内闭外脱之虞。急用通阳救逆之法，仿右大顺散之义，未识何如。

桂枝、半夏、白芍（炒焦）、甘草（炙）。

夏季暑热湿盛，毛孔开张、腠理疏松，人们睡眠、午休和纳凉之时，若过于避热趋凉，如夜间露宿室外，或坐卧于阴寒潮湿之地，或在树阴下、水亭中、阳台上乘凉时间过长，或运动劳作后立即用冷水浇头冲身，或立即快速饮进大量冷饮，在感受暑邪的同时，又极易兼夹湿邪中阻、寒邪外束而成为暑湿兼寒之证。这也就是薛雪所谓“暑者，热中之阴邪也”之论。此时内蕴暑热、湿浊，外束风寒，出现身热头痛、无汗恶寒、关节酸痛、腹痛腹泻等症。此即张景岳所谓“阴暑”之证，他指出：“阴暑者，因暑而受寒者也……故名阴暑。”这也是暑病中很重要的一个证候，薛雪案中之证似已到危重阶段，已是内闭外脱之候，当用通阳救逆之法，如能如案中所云以大顺散姜桂合用，或可有一效，但案中方药更像是桂枝汤，恐难收效，余尚未得其妙。

（五）外感燥病

清代医家喻嘉言深入思考燥邪致病的问题，把燥邪致病的时令定位于秋季，提出“春月地气动而湿胜，斯草木畅茂。秋月天气肃而燥胜，斯草木黄落。故春分以后之湿，秋分以后之燥，各司其政”的重要观点。至此，“秋燥”才成为一种独立的病证被后世医家不断加以阐发。对秋燥的性质，明清医家亦有不同认识。喻嘉言认为燥气“同于火热”，沈明宗却认为“燥属次寒”，而俞根初、吴鞠通、王孟英、费晋卿等医家则认为秋燥有温、凉两类。这种对燥邪性质认识上的分歧以及以温凉两类赅秋燥的折中方案，一直延续至今。

观薛雪这部分医案，由于医案数量较少，难窥其全貌。基本也是仿照叶天士温燥的治法，燥邪初受，邪在上焦之肺，治疗上“当用轻药，以清上焦”。多选用辛凉之品轻疏表邪，再配伍甘寒性润不腻之品润燥生津。视燥与热的孰多孰少，辛凉与甘润的用药比例有所不同。而于凉燥，未有涉及。

案例 1

形瘦液少，暑湿泄泻初愈，又咽干咳嗽，以暑挟湿，秋热化燥，乃胜复之理。

玉竹、麦门冬、北沙参、生甘草、桑叶、南沙参。

案例 2

体盛之人气必弱，寒热乍起，即现小便短数，头项瞤动，舌干齿燥，气促，脉左弦右弱，渴不欲饮，皆元不胜邪之象。恐其乘津液之衰，遽尔内陷，宜谨慎斟酌，缘化时正当燥令故耳。

天花粉、卷竹叶、厚橘红、青蒿梗、麦冬、六一散。

案语中胜复之理，当以刘完素亢害承制之论理解。“大暑至秋分属土”，雨湿过重，按照亢害承制理论，木来克土，遂风气过亢，之后金来克木，天气凉爽，“凉极而万物反燥，乃火化制其金也”，所以才有了“秋分至小雪属金，故凉而物燥也”。从这段表述来看，秋分之后的燥气有寒热两重特性，薛雪之秋热化燥之论也只是温燥一面，其治法基本不越叶天士藩篱。案 2 很难说感受的就是燥邪，案语中其实是反映了薛雪用药顾及燥气当令的天时、注意顾护津液的三因制宜的治疗思想。

二、咳嗽

咳嗽这一病证自《内经》以降，在中医学著作中不乏对其病因病机、治则治法的探讨。自明代的李梴执外感、内伤两端分论咳嗽的辨治后，张景岳、李中梓亦倡此论，之后清代医家皆循此例。咳嗽也是温病发生发展过程中的常见病证，温病学派医家在其实践过程中，对外感、内伤咳嗽的辨治积累了比较丰富的经验。纵观薛案，与咳嗽相关的医案数量较多，其治法丰富多样，方药配伍灵活而不失法度。大率分以下五类，分而述之：

（一）轻宣润降法

本法主要针对风热或温燥之邪犯肺、肺失宣降之证。薛雪之治重在宣降肺气：以轻清上浮之品宣发肺卫之气、驱邪外出，伍以柔润降气之品肃降肺气，佐以润肺生津之品。由于风热与温燥之邪均易伤阴化燥，治疗上薛雪很注意顾护肺津，选药多柔润、忌刚燥。轻宣肺卫主要用桑叶。桑叶质轻能浮，经霜采摘，则禀天地金气之肃降，是升中有降之品。味中有甘，则能润性缓。润肺降气之品多用枇杷叶、紫菀、杏仁、川贝等，同时配伍养阴生津而不滋腻碍胃的沙参、麦冬、玉竹等。

案例 1

素有喘症，形气怯弱，咽痛不肿，时咳，此新感风温在肺，气不下肃，尚宜清降。

桑叶、白沙参、块茯苓、杏仁、川贝母、南枣肉。

案例 2

风温咳嗽，下焦阴虚，先以辛甘凉剂清上。

桑叶、大沙参、麦冬、玉竹、川贝、生草，糯米泡汤煎。

案例 3

脉虚数，形寒，心中烦热，五更后气升咳呛，当秋分节燥金司令，大热发泄之余，皆能化燥。肺为娇脏，最处上焦，先受其冲，宜润燥以滋其化源。

冬桑叶、大沙参、玉竹、南花粉、生米仁、橘红（蜜水炙），白糯米泡汤煎药。

案例 4

苏禄国贡使契必丹，副使阿石丹，久咳不能卧案。

辨八方之风，测五土之性，大率贵邦，偏在中华之巽上，箕尾之前，翼轸之外，阳气偏泄，即有风寒，易感易散，来此华夏，已属三焦。况不得卧下，肺气大伤，止宜润降而已。

枇杷叶（蜜炙）、麦门冬、川贝母、甜杏仁、经霜桑叶、米仁。

这四则医案比较全面地反映了薛雪辨治外感咳嗽中风温犯肺证的法度。案 1 临床表现为咽痛不肿、时咳，断为“新感风温在肺”，肺气不降，故重在清降，即清肃肺金、降气止咳。但由于患者“素有喘症、形气怯弱”，肺气亏虚不言自明，故处方中又有扶正补虚之品，如茯苓、沙参、南枣。方中的南枣是浙江义乌特有的名贵产品，清乾隆时曾列为贡品，足见其珍贵。案 2 亦明示“风温咳嗽”，但有下焦阴虚，所以方中添加了麦冬、玉竹等养阴之品。方后注用糯米汤泡药，足见薛雪顾护胃气的用心。案中提及的的“辛甘凉剂”当为此类病证选方用药的法度。案 3 明示发病时间是“秋分节燥金司令”，治疗当中更要刻刻注意顾护津液，以润燥生津、滋其化源为法。方中除了与上案一样的糯米汤泡药外，橘红要用蜜水炙过，缓其燥烈之性。案 4 中的苏禄国是指菲律宾，位于中国的东南方，按后天八卦居于巽位，所以言“偏在中华之巽上”。当地属于热带气候，平素腠理疏松。所以案中明言“阳气偏泄，即有风寒，易感易散”。而来到中国，气候条件较之菲律宾的热带气候为冷，加之体质因素，感受邪气容易入里，耗伤气阴，所以此时应避免发散，“止宜润降”。从处方来看多是润肺降气之品，虽用桑叶，已置于方末，与前三案显然有别。案 3、案 4 都有米仁一药，健脾祛湿，绝生痰之源。另外该药色白，与肺金同气相求，具有清肃之气，薛氏咳嗽案中多用此药。

（二）化痰蠲饮法

本法主要用于寒痰伏肺、肺失宣肃之证。薛氏主要仿仲景《金匮要略》痰饮咳嗽篇的治法，以通阳散寒、化痰蠲饮为法，以小青龙汤和桂苓五味甘草汤出入。小青龙汤原主治外束风寒、内停痰饮之证，从薛案来看，薛氏多将其散寒解表之力较强的麻黄、细辛去掉，这样基本与桂苓五味甘草汤加淡干姜、白芍相仿，可见桂苓五味甘草汤加淡干姜、白芍是薛雪治疗此类病证的主方。桂苓五味甘草汤是《金匮要略》痰饮咳嗽篇的附方，是由小青龙汤加减化裁的五方之一，原是治疗服青龙汤后“气从小腹上冲胸咽”之证，所以变青龙为苓桂，意在通阳化气、平冲降逆。薛雪师其意，以苓桂组合通阳化气行水，同时加干姜增加温阳散寒之力，白芍与五味子相合，旨在收敛肺气、同时防止辛散太过。

案例 1

脉沉背寒，咳嗽吐稀涎，夜不得卧，此为伏饮，遇冷即发。

小青龙汤去麻辛。

案例 2

痰饮入夜上泛，喘咳不得卧息，当治饮，不当治咳。

桂苓五味甘草汤加淡干姜、白芍。

案例 3

久遗下虚，秋冬咳甚气冲，入夜上逆欲坐，不能安枕，形寒足冷，显然水泛为痰沫，当从内饮门治，医用肺药，则谬矣。

桂苓五味甘草汤加白芍、干姜。

案例 4

寒天痰嗽，乃阳气微弱，不能护卫，风冷来侵而起，久则饮泛上逆，入暮为剧，饮属阴浊耳，仍发散清肺，仿仲景饮门议治。

桂枝、五味、杏仁、茯苓、甘草（炙）、干姜。

从以上四案来看，薛氏的治法比较清楚而单纯。四则医案反复强调“当从内饮门治，医用肺药，则谬矣”“仿仲景饮门议治”的原则，再视其选方用药中灵活地化裁小青龙汤与桂苓五味甘草汤，足见其对《金匮要略》

痰饮病篇有很深的研究。寒痰伏肺为本虚标实之证，重在温阳散寒以治其本，四则医案均偏重于此。当然，亦应视正虚邪实之轻重，合理掌握扶正与驱邪的主次。若正虚为主，麻黄、细辛等辛散耗气之品要谨慎使用，如有必要可酌情应用杏仁等开散之力较弱之品（案 4）。当然，如果正气尚可支撑，外寒症状明显，麻、辛之用未尝不可。

（三）金水相生法

肺属金，肾属水，肺金与肾水为母子关系，即金生水；另一方面，金气的沉降之性必须依靠水的润降，同时肾阴是人体一身阴液的根本，肺阴亦根于肾阴。这两方面内容就是金水相生法原理，金水相生法更强调的是“水生金”的一面。正是有了肺肾同源的生理基础，所以病理上的肺肾两虚，治疗时才可肺肾同治。薛雪深谙此理：对于肺肾阴虚之证，通过滋补肾阴，使阴液上承于肺；另一方面，对于肺肾虚寒之证，仿景岳金水六君煎之治，通过温润肾气，使肺寒得散、肺阴得承、痰浊得化。

案例 1

此由金水不相承挹，故咳久不愈，切勿理肺，肺为娇脏，愈理愈虚，证不可泛然滋阴。

北沙参、整玉竹、云茯神、川石斛、甜杏仁、生扁豆。

案例 2

右脉一息七至弦，左脉一息六至紧，咳而不得息，阴气已弱，金水同受病，且议景岳六君煎投之。

金水六君煎。

案 1 虽然没有明示临床表现，但从“金水不相承挹”的病机以及养阴生津的选方用药来看，当为肺肾阴虚之证。由于肺阴不足，故不可再事清宣，重伤肺气。所以薛氏明训“切勿理肺、肺为娇脏、愈理愈虚”。但是由于肺气不宣，痰浊内生，加之久病脾胃不健，故又不可“泛然滋阴”。纵观全方，滋阴多为清淡甘润，健脾亦是甘平和中，使其组方滋而不腻，温而不燥，颇有气旺津生、阳生阴长之妙。案 2 是金水六君煎，是由二陈汤加当归、熟地组成。《景岳全书·卷五十一·新方八阵·和阵》谓其“治肺肾虚寒、水泛为痰，或年迈阴虚，血气不足，外受风寒、咳嗽、呕恶、喘急等证神效”。很多人对主治中提及的肺肾虚寒表示质疑，认为既然是肺肾虚寒、痰湿内盛，应该在二陈汤的基础上加用细辛、附子、干姜等温阳散寒之品，而不应该再用熟地、当归等润剂助湿为患。笔者认为金水六君煎主治的肺肾虚寒一证必有其特殊性，后世很多医家多有其独到的体会。比如《王孟英医案·卷二·阴虚》载：“张与之令堂久患痰嗽碍卧，素不投补药。孟英偶持其脉曰：‘非补不可！’予大剂熟地药，一饮而睡。与之曰‘吾母有十七载不能服熟地矣，君何所见而重用颇投。’孟英曰：‘脉细痰咸，阴虚水泛，非此不为功。’”这里的阴虚值得玩味。回到这则医案，病人两脉一息六七至，似是热象，但弦紧脉是阴寒之征，由此断定病家的脉数、喘息皆为肾阳虚衰、失于固摄之故，温阳化饮、补肾摄纳应是正治。但案中亦明言“阴气已弱”，阴气已弱，再行温补就当慎重，否则耗伤阴液，无异于油枯灯尽。而熟地、当归两药质润补阴，同时性温又不碍阳，与二陈汤荡涤痰饮相佐，化痰而不伤阴。可见景岳制方绝对是匠心独具，而薛氏亦算参透其三昧。

（四）培土生金法

脾属土，肺属金。培土生金法是借五行相生的理论用补脾益气的方药补益肺气的方法。自东垣立足其独重脾胃的学术思想，在《脾胃论》中专列“肺之脾胃虚”一节，提出“脾胃虚，则肺最受病”的观点后，这一治法在明清医家中更加被重视。如《石室秘录·卷一·正医法》提到，“治肺之法，正治甚难，当转治以脾，脾气有养，则土自生金”，这段话堪为培土生金法最好的注脚。使用本法的关键是如何培土健脾，薛雪远绍《伤寒》、旁采诸家，形成了建中气与养胃阴两途。

1. 建立中气

小建中汤在仲景全书中但凡三用，尤其是在《金匮要略》虚劳病篇中的运用对后世影响较大。薛氏以之治疗的咳嗽亦多与痨瘵有关，此时病情多为久拖不愈，阴阳两损，此时“补阳则阴竭、泻阴则阳脱”，必须“取其中以冀流布，庶几近之”。正如《灵枢·终始》篇所云，“如是者，可将以甘药，不可饮以至剂”“建立中阳，以崇生气”。本方为桂枝汤变化而来，该方最大特点是既有桂枝与甘草、饴糖相配之辛甘化阳，又有芍药与甘草、饴糖相伍之酸甘益阴，使中宫建立，则阳气化而上行，阴气化而下降，营卫调和。《金匮要略论注·卷六·血痹虚劳病脉证并治第六》曾评价该方：“为后世补中益气汤之祖，虽无升柴，而升清降浊之理，具于此方矣。”

案例 1

嗽而失血，已逾三载，缠绵不已，色黯脉弦，嗽益甚，环口色黄，由于肝脾，及于肾，上藏为其所取，给而不能应矣。饮亦从而为患，逐之不得，滋之无功，迁延日损，莫可弥缝，当取其中以冀流布，庶几近之。拟宗建中法，加以涤饮之品，俟阳明升而继以大补太阴，然后渐入纯阴之法，否则非治也。

小建中汤去姜，加茯苓、姜皮。

案例 2

病乃阴伤，已及阳分，形羸背寒，河车丸包举填精，究属浊阴之药，必兼建立中阳，以崇生气。若医咳治血滋阴，必然败坏决裂。

紫衣胡桃、米糖、煨姜、南枣肉、白芍、甘草（炙）。

案例 3

色夺脉小，形寒久嗽，皆营卫二气久损，病属劳伤。《内经》云：劳者温之，损者益之。

参芪建中汤去姜。

案1咳血已三年，环口色黄，阴血亏虚、脾阳衰败不言自明，脾阳不运故“饮亦从而为患”。此时既有阴血亏虚、又有水饮内停，故“逐之不得、滋之无功”，治疗上出现了矛盾，故只能“当取其中”。通过建立中阳，使脾胃转运有机，既可运化水湿、又能化生气血。脾胃得健，才可继用补阴图本之法。从薛氏的治法来看，环环相扣、步步为营。看薛氏处方，小建中去姜，三案皆是如此，恐虑其温燥辛散，耗伤气阴。所加的茯苓、姜皮乃涤饮治标之品。案2又是阴阳两伤之证，既不能只顾宣散肺气治咳、又不可视其阴血耗伤而一味填补，只能先“建立中阳、以崇生气”。方中已去辛温之桂枝、生姜易为煨姜，更用紫衣胡桃补肾纳气，较之小建中原方更偏于温中暖下，属于小建中汤的变法。案3色夺脉小形寒已现肺气亏虚、卫阳失煦之象，故去姜之发散，加用参芪补气固表，亦是小建中之变。

2. 清养胃阴

培土一法不止甘温益气，缪希雍曾云“世人徒知香燥温补为治脾之法，而不知甘寒滋润益阴之有益于脾也”，此后叶天士倡甘平、甘凉濡润以养胃阴之说，为中医脾胃学说增添了新的内容。薛雪亦多以养胃阴之法治疗咳血日久、津血耗伤之证，“以养胃阴甘药”“薄味清养胃阴”，收土旺金生之效。养胃阴一法多认为是叶天士所倡，叶薛为同时代吴中名医，在学术上相互借鉴并不为奇。但二人在运用上有所不同，叶天士养胃阴之法灵活多变，甘凉濡润、酸甘凉润、甘凉伍以芳化等等，不一而足。而薛雪多是将甘寒、甘平的沙参、麦冬、百合等养阴生津之品配伍甘温、甘淡的黄芪、茯苓、苡仁等健脾益气化湿之品，使养阴而不滋腻、益气而不温燥，颇具相反相成之妙。

案例 1

脉数虚右大，入夏咳嗽失血，遂饮食顿减。此属劳伤内因，以养胃阴甘药，乃土旺金生之义。

黄芪、北沙参、苡米仁、甘草（炙）、黄精、茯苓。

案例 2

脉小弦虚，久嗽，失血盈碗，血止仍然纳食，晨起顿嗽甚。此劳伤嗽血，宜养胃阴，治肺无用。

甜北沙参、甘草（炙）、黄芪、百合、白及、南枣肉蒸和丸。

案例 3

形充脉小，痰嗽带血，此非阴虚火升，乃辛燥劫动胃络。只宜薄味清养胃阴，戒酒肉烦劳可安。

茯苓、冬桑叶、川贝母（炒黄）、大沙参、甜杏仁、苡米仁。

案例 4

右脉虚大，色夺形瘦，肌燥疮痍，咳嗽经年，曾经失血，是津亏气馁，由精劳内损，但理胃阴，不必治咳。

金匮麦门冬汤去半夏。

四则医案都明示以养胃阴之法治疗咳嗽咳血，取土旺金生之义。案 1 方中养阴之品仅沙参一味，黄芪、茯苓、甘草均为甘温健脾气之品，苡仁利湿绝生痰之源，黄精则是气阴双补之品。这个组方思路充分体现了薛雪养胃阴之法与叶天士的不同。案 2 组方思路与上方相近，但因咳血较重，所以较上方加了白及固涩收敛之品，又有补血之南枣亦是薛雪常用之药，因血伤较重，故淡渗水湿的茯苓、苡仁弃之不用。案 3 中明示“非阴虚火升，乃辛燥劫动胃络”，病机类于温燥犯肺，方子实际上与吴鞠通的桑杏汤相类。案 4 的麦门冬汤也是一个气阴两补的方子，所以尽管薛雪指出“但理胃阴”，但案中“津亏气馁”才是辨证眼目。在使用中去半夏，亦是虑其温燥伤阴。

纵观薛案，其重视脾胃的思想是比较突出的，在咳嗽的治疗中多次强调见咳休治咳、见嗽休治嗽，“当以后天脾胃为要，清气滋水，为第二义也”。其培土生金之法除前述的建立中气与清养胃阴两法之外，尚有异功散、戊己汤亦为常用之方。戊己汤按《临证指南医案》书后附录，为四君子加白芍、陈皮，为扶土抑木之剂，与局方的戊己丸不是一方。

（五）补肾纳气法

补肾纳气法，主要治疗久病咳喘，肺虚及肾，耗伤肾气，摄纳无权，导致气不归元之肾不纳气证。此时咳嗽多伴有喘息，且呼多吸少，气不得续，动则喘甚。同时伴有腰膝酸软、自汗神疲、声音低怯等肾气不足之征。正如《类证治裁·喘症》所言：“肺为气之主，肾为气之根，肺主出气，肾主纳气，阴阳相交，呼吸乃和，若出纳升降失常，斯喘作焉。”由于薛雪治疗的咳喘之证多与虚劳有关，多为久病及肾，故其医案中这类病案的数量较多，薛雪的补肾之法也是异彩纷呈。总起来看，薛氏补肾偏于补肾阴，他认为这类病证日久，“精血枯萎，下焦元海，乏收摄之权，阴不上承，但有冲脉浮阳升举，有升无降，无秋收冬藏之应乎天地。故清凉润肺，无济乎喘咳诸症，皆由根本下怯，子令母虚”。基于这样一种病机认识，他注重滋补阴精以摄纳阳气，即便对于肾阳虚，也倡柔剂养阳，避免用过于刚燥的温阳药，耗伤阴血。其补肾约有以下三途：

1. 地黄丸类方

六味地黄丸是钱乙根据《金匮要略》的肾气丸变化而来，成为后世滋阴补肾的主方，在其基础上衍生出很多类方，如济生肾气丸、麦味地黄丸等，这些方剂因为有了加减化裁，在滋补肾阴的同时，又各有偏重。薛雪也善于使用六味地黄丸及各种类方，如七味都气丸、薛雪加减八味丸等。七味都气丸原方载于清代张璐所著《张氏医通·卷十六·祖方》，“都丸，治肾气不固，咳嗽滑精”，是六味地黄丸加五味子，在滋补肾阴的基础上偏于固肾纳气。薛氏加减八味丸出于薛己的《内科摘要》，是六味地黄丸加肉桂、五味子，在七味都气丸固肾纳气的基础上，加用肉桂引火归原。

案例 1

少年肠红，阴气走泄，咳嗽吐痰，食仍进而声嘶，气促走动若喘，且口干咽燥，饮水渴不解，明系阴不上承矣。

六味汤中加入桃仁（炒）、当归须。

案例 2

风温咳嗽初愈，暮汗继以痰血，春半阳气发泄，冲年阴未充盛，致血随气溢，读书声高则头痛，阳升显然。

六味去萸肉加入白芍、阿胶、麦冬。

案例 3

暑解热止，咳嗽喉息有音，唾痰涎沫。此肾阴不固，虚热浮溢致咳，非汤药可愈。戒酒色嗔怒可安，否则延为劳怯。

都气汤中加入秋石、清阿胶。

案例 4

寐则呛咳，阳气不能收入阳蹻，痰绿色，夜寐不能着枕，此为肾病。

薛氏加减八味汤中加入紫衣胡桃肉。

案 1、案 2 都是六味地黄丸的加减使用。前者是阴不上承，所以在滋阴补肾的基础上加了两味活血药，而两味活血药的选择也是很耐人寻味，桃仁能润燥、当归能补血，活血而不耗血，叶天士谓为辛润通络之品，薛雪之匠心不可不查。后者是春季风温的幼年患者，薛雪并没有走疏风清热的常规路数，而是抓住阴不制阳的病机，在六味地黄丸的基础上加用大队养阴生津之品。去山茱萸，恐与其春季有碍阳气的生发。案3是都气丸加用阿胶，加强补血养阴之力，针对虚热浮溢，加用秋石滋阴降火。《本经逢原·卷四·人部·秋石》谓："秋石以秋命名，专取秋气下降之意。"当然本品的炮制方法不同，药性亦有差异。案4"阳气不能收入阳蹻"显然是来自《灵枢·寒热》"阳盛则目瞋、阴盛则目瞑"之论。加减八味汤是薛己常用之方，叶天士在其医案中名之为薛氏加减八味汤，胡桃肉甘温而性润有补肾养血、润肺纳气作用，和方中的肉桂一起在大队的补阴药中，收阳中求阴之效，同时亦有引火归原之意。对于胡桃肉的选择也体现了薛氏"柔剂养阳"的思想。

2. 地黄丸加减

此法较之前法是只保留六味地黄丸的一部分药物，主要是熟地、茯苓、山药，在此基础上加用收敛固涩、重镇降逆、养阴生津、滋液填精等药物，形成与滋养肾阴法的复合治法，治疗肾阴亏虚基础上伴随的各种兼夹证候。收敛固涩多用五味子、莲子、芡实、金樱子等，重镇降逆多用龙骨、牡蛎、清铅、龟板等，养阴生津多用石斛、女贞子、枸杞子、天冬、麦冬、沙参等，滋液填精多是猪脊髓、牛骨髓、羊骨髓、阿胶、海参胶、麋角胶、鱼胶、河车胶等血肉有情之品。另外对于咳血较严重者，多配伍牛膝炭。

案例1

左升从肝，凡相火内风不宁，胃津化痰，扰肺为咳，而诵读久坐，都令君相上乘，脏阴不充，必夏至渐生。斯时且勿攻苦，养至白露可愈。

熟地、山药、女贞子、芡实、杞子、萸肉、咸秋石、茯苓、建莲肉、猪脊髓丸。

案例2

胎前疟热伤阴，产后下焦之阴更损，冲任脉不下固，气冲咳逆呕，午后潮热，子后汗泄，皆阴虚损及阳位。夏令大热发泄，络空胁痛失血，虽颇纳谷。大便溏泄，蓐劳下损，渐干中上，故延绵不愈不痏，医药无效。

熟地（炒）、芡实、湖莲、五味子、茯神、乌鲗骨。

案例 3

络脉空隙，气必游行作痛，最虑春末夏初，地中阳气上升，血从气溢，趁此绸缪，当填精益髓。盖阴虚咳嗽，是他脏累及于肺，若以清凉治肺，必然胃伤食减，立成虚损。蒙其害者累之。

海参胶、麋角胶、怀山药、山萸肉、芡实、茯神、北五味、湖莲肉、金樱膏、熟地黄（水煮）。

案例 4

春季痰嗽带血，交冬血大吐，头痛口糜，是阳不收藏，当填镇。

熟地炭、萸肉炭、牛膝炭、五味、茯苓、青铅。

案例 5

苦寒直降，阴走泄为遗，阳浮越为头痛咳嗽，以摄固二气主之。

熟地、远志、龙骨、茯苓、芡实、牡蛎。

以上五案基本反映了薛氏滋补肾阴与其他诸法的配伍运用。案 1 病机关键是脏阴不充，在保留六味地黄丸的熟地、茯苓、山萸肉、山药的基础上，加用养阴生津的枸杞子、女贞子，滋液填精的猪脊髓，收敛固涩的莲子、芡实，滋阴降火的秋石。案中提到的“必夏至渐生”“养至白露可愈”反映了薛雪天人相应、因时治宜的思想。案 2 中汗泄失血较重，故方中一派收敛固涩之品。案 3 阴精亏损较重，故以海参胶、麋角胶等血肉有情之品填精益髓。案 4 吐血较重，阴亏阳亢、阳不收藏，故加清铅重镇潜降，牛膝炭引血下行，炒炭又可止血。案 5 因过用苦寒，伤及阳气，以致于阳浮于上，阴泄于下，急用龙骨、牡蛎潜降、芡实收敛固精、远志交通上下。

3. 柔剂养阳

柔剂是叶天士在《临证指南医案》中多次提到的，是在肾恶燥的理论基础上，认为温肾多不宜用刚燥的桂附之品，而是用巴戟、苁蓉、胡桃肉、沙苑子等温而不甚燥之品，酌情配伍鹿角霜、羊肉、羊肾等血肉有情之品加强温肾之力。薛雪也借鉴了这一认识，对于咳嗽日久、阴损及阳、肾阳式微的的患者，温补下元亦多选用柔润而少用刚燥，人参胡桃汤、河车类方为其常用之方。

案例 1

失血五年，今夏秋发作最重，脉左涩右弦，冲气逆则咳甚，天明汗泄，议用柔剂阳药以治下。病者四十三岁。

紫胡桃肉、茯苓、五味子、枸杞子（炒黑）、沙苑蒺藜、芡实、紫石英、石壳湖莲。

案例 2

悒郁内损经阻，筋胃皆痛，损伤不复，即起劳怯，温养流通，望其郁痹气血和融。若但清热见血理嗽，百无一治。

当归、生杜仲、桑寄生、枸杞子（炒）、生鹿角。

案例 3

脉细促数，是肾精肝血内耗，咳嗽必呕吐清涎浊沫。此冲脉逆气，自下泛上，气不收纳，喘而汗出，根本先拨，药难奏功。医执见血为热，见嗽治肺，是速其凶矣。

人参、胡桃肉、秋石、熟地、五味子。

案例 4

失血以来，气从少腹上冲，即咳逆坐起不得寐，乃肾虚不司摄纳，冲脉上升而然。夫冲脉即血海，男子藏精，女子系胎。今精气内空，血独升举，食入痛泄，火土交惫。时师每以清凉治肺治咳，不过通套而已，非论病也。

紫胡桃霜、人参、茯苓、淡骨脂、紫石英、鹿鞭子。

案例 5

脉下垂右大，深春失血，入秋半不复，饮食仍纳，无以充长精神。由精血久损，肝肾不纳，行动则喘，语言气怯，着枕冲气上逆，咳呛。皆损及八脉，不易治之症。

河车、杞子、北五味、沙苑蒺藜、湖莲肉、大麦冬、人参、茯苓、熟地黄山药浆同河车胶为丸。

案例 6

老劳有年，今夏血痰吐后，不但频咳不已，身动喘息不止。此乃下元气不收纳，以摄固肾脏，不与肺喘同治。

鲜河车、块苓、熟地黄、紫石英、北五味子、胡桃肉、湖莲、补骨脂、山药粉糊为丸。

案 1 中明确提到柔剂阳药，方中枸杞子、胡桃肉、沙苑子都属于比较柔润的温阳药，紫石英甘温，温肺肾、镇冲逆，针对案中“冲气逆则咳甚”。案 2 的咳嗽并不是久病及肾，但组方非常独特而巧妙。当归补血活血，杜仲、寄生皆为补益肝肾而性质平和之品，枸杞亦是阴阳平补的良药，鹿角乃血肉有情之品，咸温，补肾而能活血，诸药合用，与案中“温养流通”的组方思路相对应，不妨将其命名为薛氏温养流通汤。案 3 案 4 皆为人参胡桃汤加味。人参胡桃汤方子配伍很精当，但毕竟药力较薄，所以薛雪在运用中常加用温肾、固摄之品。案 4 中不仅有肾不纳气之征，亦有火不暖土之象，所以方中亦有温肾健脾的配伍，如茯苓、补骨脂。案 5 案 6 则为河车类方，也是薛雪常用的。治疗劳嗽与河车有关的代表性方剂就是河车大造丸，但略偏寒凉。薛雪将其中滋阴降火之品多数去掉，合用温肾而柔润的熟地、补骨脂、沙苑子，收敛固摄的五味子、莲子，改补肾填精、滋阴降火之剂为温肾固本、纳气平喘之方。薛雪对原有方剂的变通，于此可见一斑。

三、中风

中风是中医内科风、劳、臌、膈四大险证之一，在历代医家的医案中多是记载和论述的重点。回溯其源流，一般认为唐宋以前多以“外风”立论，而金元之后则以“内风”学说为主。自王履提出真中、类中之别后，医家对中风的治疗主要集中在类中风方面，对其病因病机的认识多从内伤角度探讨，从丹溪主血虚有痰之说，到景岳倡阴虚阳亢的非风之论，治疗理论也相应地得到了丰富与发展。至叶天士，对中风的治法已经比较丰富了，纵观叶案，滋液息风、濡养营络、芳香开窍醒神、清热顺气开痰等法不一而足，与其同时代、相近地域的薛雪不可能对叶天士在中风诊疗方面的创见熟视无睹，所以在他的医案中也体现了与叶天士较为相近的治疗思路，但是也具有自己的特点。以下从六个方面，总结薛案中中风的治则治法，探讨其选方用药规律。

（一）摄阴镇阳法

摄阴镇阳是薛雪自己在医案中提出的治法，适用于肝肾阴亏于下，肝阳上扰于上，在下之阴不能抱合阳气，孤阳无根，在上的阳气不能固摄阴精，残阴失敛。此时在上可有耳鸣头痛、眩晕欲仆，在下可有遗沥精浊、腰膝酸软。选方用药方面，在滋补肝肾阴精的同时，一方面要用重镇降逆之品，如磁石、龟板、龙骨等，镇坠阳气之上亢，另一方面要用收敛固涩之品，如五味子、山萸肉、芡实等，收敛阴津之遗泻。

案例 1

惊必动肝，久而阳气变化内风，旋越不已，有升无降，阳不交合入阴，不但遗沥精浊，入夜遑遑欲绝，宜摄阴镇阳法。

磁石、五味、龟板、枣仁、龙骨、萸肉、茯神、当归。

案例 2

瘦人禀属阴亏，耳鸣眩晕，是内风阳气之震，磁石制肝阳上吸，质重镇纳归肾，然必少用填补，于甘酸味厚之药，为合法。用之不效，乃补摄力轻所致。

熟地黄、天门冬、龟板、紫胡桃肉、山萸肉、磁石、麦冬、五味、阿胶、芡实，各碾末，炼蜜和为丸，每早服六七钱。

案例 3

据说夜坐久劳，胁下气升，耳鸣头晕，目中黑暗无光。此肝风阳气，上蒙清窍，久恐仆厥。

地黄汤加磁石、五味。

案 1 明确地提出了摄阴镇阳法，同时对病机进行了详细地阐发，阳气“有升无降，阳不交合入阴”，所以才有了遗尿精浊、夜间惊恐怵惕，所以要潜镇阳气、固摄阴精，方中的前两味磁石、五味子是该法应用的最好注脚。其他几味药也很精当，龟板潜镇之中又能滋阴，龙骨降逆之外又可收敛，枣仁、茯苓安神，当归补心肝血虚，萸肉专事固精止遗。方子不大，但药味多可一专多能，配伍丝丝入扣。案 2 中进一步对摄阴镇阳法在具体应用时的选方用药进行了说明。用磁石是“制肝阳上吸，质重镇纳归肾”，但是光用这类重镇药物是不够的，还要少用甘酸味厚之药填补。最后指出，如果不效，那是“补摄力轻”，这里强调了补法与摄法的配合。方中的熟地、天麦冬、胡桃肉、阿胶这些甘酸味厚之品较之前案的方剂明显增多，体现了丸药缓图、培补日久见功的目的。案 3 中“目中黑暗无光”值得玩味，体现在临床表现上，一方面这类病人由于头晕目眩，视物不清，另一方面由于身体衰惫，目失神采，视之无光。处方则更清晰地体现了该法的具体组方配伍思路。

（二）培土宁风法

培土宁风法是王旭高在《西溪书屋夜话录》"治肝三十法"中的一法，本节所选的这几则薛案恰好为这一治法找到注脚。本法主要适用于中焦脾胃虚弱，气血之化源不足，肝失其所养、虚风内动，正所谓"土虚则木无以植"。临床既可见头目眩晕、耳鸣、行走飘忽等肝风症候，又可见纳呆食少、倦怠乏力、大便不调等脾胃不足的证候。此证实属由脾胃气阴不足而致的眩晕，与儿科的脾虚慢惊同理。治宜培土为主，佐以息风，即所谓"滋阳明、泄厥阴"，与《素问·脏气法时论》"肝苦急，急食甘以缓之"、《难经·十四难》"损其肝者缓其中"异曲同工，所以王氏也谓之缓肝法。在选方用药方面，一方面要以人参、甘草、麦冬、白芍、甘菊、玉竹等味甘性温之品培补脾气，另一方面以蒺藜、钩藤等平肝息风。

案例 1

阳明脉衰，厥阴风动，头晕心悸，肉瞤麻木，有风痱之累，少饮加谷易安。

淮小麦、北沙参、麦冬（炒）、南枣肉、酸枣仁、甘草（炙）。

案例 2

中年脉弦，右臂肢指麻痹。凡男右属气分，气弱阳不运行，则痰日生，乃水谷不主变化精凝，当以健中佐运为主。盖脾胃主四肢，滋阴血药多腻，为痰树帜矣。

六君子加蒺藜，水泛为丸。

案 1 用方显然是甘麦大枣汤加味。在《金匮要略》妇人杂病篇中主治"妇人脏躁，喜悲伤欲哭，象如神灵所作"，该方在《金匮要略》原条后有注"亦补脾气"，说明在该证的治疗中意在以甘缓之药，缓肝之急，并不着眼于补脾。案中头晕心悸、肉瞤肢麻多是血虚不濡之象，薛雪又投以滋阴养血之品加强，使该方成为气血两顾之剂，与血虚风动的病机颇为合拍。

案2有两点值得注意：一是对右臂肢麻的解释，“凡男右属气分”，右臂肢麻是“气弱阳不运行”，所以要“健中佐运为主”。第二点提到了补血要注意脾胃功能，“滋阴血药多腻，为痰树帜矣”。选方六君子健脾和胃、理气化痰为常法，蒺藜恐为平肝潜阳的刺蒺藜，如是潼蒺藜则义远矣。

（三）益气温阳法

本法在薛案中较为醒目，主要用于因气虚、阳虚，推动血运无力，肢体麻木、痿弱不用之证，主要以芪附汤加味。本法在叶案中亦有提及，“凡中风症，有肢体缓纵不收者，皆属阳明气虚，当用人参为首药，而附子、黄芪、炙草之类佐之，若短缩牵挛，则以逐邪为急”。后世王清任的补阳还五汤正是在此基础上，加用活血逐瘀之品，遂有了补气活血法。薛雪应用本法，多是以芪附汤加味，芪附二药，一可补气、一可通阳，佐以人参、乌头加强温补宣通之力。亦加用桂枝温经通阳，白术、姜、枣培补胃气。

案例1

脾胃居右，气行于左，左手痿痪，不知痛痒，不能把握，所谓胃气虚，则不用者是也。王金坛云：偏枯之病，未有不因真气不用。旨哉斯言。治法专培气分，补而宣通，可望其效。

人参、黄芪、生白术、附子、生川乌头。

案例2

右股凄痪无力，甚于秋冬，缓于春夏，是阳气不足也。但三旬壮年，不宜有此。

芪附汤。

案例3

半百已外，阳气日薄，卫弱不司护卫，右肢麻木，风虚也。

芪附汤合玉屏风散加桂枝、甘草、姜、枣。

附方：二陈汤加生白芍、桑叶、羚羊角、竹沥、姜汁法为丸。

案 1 中引用王金坛也就是王肯堂的一段话，强调了气虚是中风发病过程中的重要因素，专培气分、补而宣通指明本证治疗的真诠。案 2 中“甚于秋冬、缓于春夏”一语为阳气不足的辨证眼目。案 3 中芪附汤补气温阳、玉屏风散固表实卫无须赘言，合用桂枝汤去白芍很有创见。桂枝汤本来通过桂枝、白芍配伍，一开一合、一散一收达到调和营卫的目的，现在去掉白芍，则变为专事温通阳气之剂了。于此可见薛雪对仲景方义领悟之深。另外丸方则为化痰、平肝之剂，与汤药搭配使用，丸药缓图收功、汤药则单刀直入专事补益阳气，这种治疗方案的设计颇有新意。

（四）化痰通络法

化痰通络亦是中风治疗的常法。薛雪主要用该法治疗风痰阻络、舌蹇语涩之证。本证多是肝风内动，引动脾家痰湿，阻于窍道，造成舌强喑哑、口角偏歪等症。选方多是二陈汤、白金丸等燥湿化痰之剂，另外疗风痰佳品白附子以及开窍化痰的菖蒲根汁亦是薛氏常用之品。

案例 1

脉静，寝食便调，向有胃痛，饮暖烧酒相安。今年春季跌仆，右肢偏麻，语音不爽，是皆气伤痰阻，致内窍少灵也。

白金丸。菖蒲根汁法丸。

案例 2

右瘓舌喑无声，脉小微涩，病起上年十二月，仍能纳食。此中于脾络，治以宣通灵窍。

白附子、熟半夏、茯苓、鲜石菖蒲根汁、竹节（姜汁浸），早服地黄饮子。

案 1 病家脉静、寝食便调说明疾病已经进入相对稳定期，也就是今天所说的中风后遗症期，此时只能丸药缓图。病人“向有胃痛，饮暖烧酒相安”，说明脾阳素弱，中焦痰湿内蕴自不待言。肝风内动，引痰湿阻于窍道，遂有肢麻、语謇之证。白金丸由白矾和郁金组成，白矾咸寒，可以软顽痰，郁金苦辛，可以开结气，再有菖蒲根亦为豁痰开窍之佳品，三药合用，组方精当，药简效宏，直达病所。案 2 中风的中经、中络之别在《金匮要略》中即有提及，至叶氏又有发挥，“声音不出，此阴风湿晦中于脾络”。薛雪从某种程度上借鉴并发挥了叶氏的络病思想，比如他提到的“仍能纳食”，说明于脾经无碍，遂有中于脾络之说，这也从另外一个角度对叶氏风中脾络的判定做出了说明。案 2 中姜汁浸竹节令人费解，叶案中有竹节白附子，指白附子的根有多个环形突起的节，如同竹节，实与九节菖蒲同理。而单独用竹节入药很罕见。地黄饮子本为河间之方，这里用意是针对病久肝肾虚馁，阴气不主上承，肾脉不营舌络之病机。但是这类药味多偏于滋腻，恐与上焦痰热有碍，所以河间名之为饮子，实际上用清水微煎为饮服，取其轻清之气，易为升降，迅达经络，流走四肢百骸，以交阴阳。叶天士总结为“浊药轻投”，薛雪亦强调早晨服用，因阳气较旺，易于运化。此细微之处不可不察。

（五）凉肝息风法

本法在薛案中较为少见，主要适用于中风早期，肝阳亢逆，热闭神昏之证。此时虽然本虚于下，但以标实为急，面红目赤、汗出漉漉、烦躁不宁甚或戴眼目瞑等风热之象明显，故应以凉肝清热、息风止痉为法。选方或是用龙荟丸直折肝火；或是用羚羊角清热凉肝，配合天麻、钩藤等息风之品，组成类似于羚角钩藤汤之类的方剂。

案例 1

六七年病，犹然纳食行走办事，凡肝胆之气，从左升直至巅顶，风木必克土位，胃脘似乎闷闷，外象若冷为深，当以龙荟丸苦降治之。

龙荟丸。

案例 2

木兼金化右痿，太阴受邪声鼾，厥阴亢极目瞑，内风扰动汗出，呼欠频频，阴阳欲分，面淖泽，外越之象也。先拟息风轻通之法，由节令初升之故耳。

羚羊角、鲜石菖蒲、生牡蛎、马料豆、天麻、橘红。

接案：目瞑戴阳，脉空大，肝风正甚易回也。

钩藤、白芍、生地、羚羊角、料豆、桑叶、玉竹、川石斛。

接服：人参、杞子、远志、白芍、熟地、北五味、大熟地、茯苓、巴戟、橘红后改归芍六君子丸。

案 1 中也并无明确表述患者肝阳上亢的表现，有两点值得注意：一是指出风木必克脾土，二是提出外象若冷为深，乃热深厥亦深之义。龙荟丸一般指《宣明论方》当归龙荟丸，该方在一派苦寒泻火之龙胆、芦荟、青黛、栀子与清热燥湿之黄连、黄芩、黄柏、大黄的大队药物中，妙用养血柔肝的当归，防止苦寒药过寒过燥，另外芳香走窜开窍的木香、麝香可调畅气机、透热外出。案 2 是肝阳暴亢，而且已经有了阳亢已极、阴阳离绝之象。此时在凉肝息风的基础上，应考虑回阳救逆，个人认为薛氏的治疗过于轻灵。当然此时已是中风险症，治疗中矛盾错出，颇为棘手了。

（六）滋水涵木法

滋水涵木法是治疗肝风内动证之本的治法。因为肝风内动缘于肝阳上亢，而肝阳上亢，缘于肝肾阴亏，阴不制阳，所以滋补肝肾之阴，阳气才能得以敛降，肝风得以宁息。此法在薛案中风病的治疗中使用最频，案例数量最大。滋补肝肾主要有 4 类药物：一是滋阴补肾之生熟地、天麦冬、枸杞子、首乌、女贞子、石斛等；二是血肉有情之品如阿胶、鸡子黄、鱼胶等；三是平补肝肾之穞豆衣、马料豆、黑芝麻等；四是温补肾阳而不燥烈的沙苑子、肉苁蓉、锁阳、补骨脂等。与之配伍的主要有 4 类：一是安神宁心的茯神、远志、柏子仁；二是养血敛阴的当归、白芍；三是疏风清热的桑叶、菊花；四是息风潜阳的天麻、钩藤等。

案例 1

入秋一月，天令肃降，脉得左寸搏数，左关小弦而动，是心烦君相少宁，肝阳变化，内风陡升莫制，巅顶皆眩，脑后筋惕，何一非阳动所致。此皆阴弱不主配，非肝脏有余之比，法当益水滋木培母，另开养心脾之营，使上下不致庞杂，肝肾方以摄固。柔温宗聚精七宝法以治之。

赤白何首乌、赤白茯苓、方解青盐、番舶茴香、补骨脂、鳇鱼胶、沙苑、北五味子蒸饼和为丸。

临卧服心脾益气养营方用归脾汤去芪桂。

案例 2

五旬向衰，水不生木，则内风动越，巅顶眩晕，唇燥附无力，小便频动，议填下元不足之阴。

人参、天冬、五味、杞子、茯神、熟地、生地、琐阳、首乌。

案例 3

肝风头晕。

枸杞子、当归身、桑叶、蒺藜、何首乌、甘菊花、白芍（炒）、块茯苓、天麻。

案 1 不仅对脉象、症状记载得比较全面，还仔细地阐发了病机，“此皆阴弱不主配，非肝脏有余之比”，并直接指出治法是益水滋木培母。案中提到的柔温即是叶、薛多次提到的柔剂养阳之法。也就是在滋补肝肾之阴的时候，配伍补阳而不燥烈的温阳药，使阴阳合化，收阳生阴长之功。聚精七宝即是聚精丸与七宝美髯丹之谓。聚精丸由沙苑子和鱼胶组成，七宝美髯丹有首乌、牛膝、茯苓、当归、补骨脂、枸杞子、菟丝子组成。两方合用，养阴而不滋腻，助阳而不温燥，为阴阳双补的佳品。薛雪在使用过程中略有变通，他比较注意脾胃对药物的运化，所以尽可能减少了滋补的药味，而且还加用了小茴香暖脾温肾助运化，青盐意在引药入肾。特别是他还“另开养心脾之营，使上下不致庞杂”，单独在睡前服用健脾益气药，使补肝肾之剂不受牵扯，这些细节都值得注意。案 2 对病机和治法解释比较清楚，选方基本是在生脉散基础上加用补肝肾之阴与少量的柔润温阳药。案 3 记载较简单，但是处方的配伍非常全面，故录于此。方中有补肝肾之阴的枸杞子、首乌，有补肝血的当归、白芍，有疏上焦风热的桑叶、菊花，有平肝疏风的白蒺藜、天麻，还有一味健脾安神的茯苓。诸药合用，肝阴肝血得复，肝阳得平，肝风得散，诸症悉平。本方方简效宏、配伍精当，可堪师法。

四、噎膈

噎膈与关格在当代的《中医内科学》中，是作为两种独立的疾病讨论的。但是，从薛案来看，至少整理者是将噎膈关格并做一论。从案中来看，薛雪认为“上不纳食，下不更衣，此为关格”，论噎亦是“噎”与“格”并论，这一观点的形成与这两个病的沿革发展过程密切相关。《内经》中已论及“隔”，“二阳结谓之消，三阳结谓之隔”。《诸病源候论》中论及“鬲”，有五噎五鬲之分。宋以后逐渐有了“噎膈”这样的病名，并沿用至今。关格在《内经》中并不是作为病名出现，首先论及其表现的是《伤寒论·平脉法》，“关则不得小便，格则吐逆”，这个定义基本沿用到当代中医内科学。但是在发展过程中，《诸病源候论》曾有“二便俱不通为关格”之论，在这种观点影响下，宋代有医家就将两种观点合二为一，如张锐《鸡峰普济方·卷六·治大小便不通等方》就认为关格病上有吐逆，下有二便不通。特别是《儒门事亲·卷三·斥十膈五噎浪分支派疏》“膈亦当为格”之论一出，部分医家就将噎膈和关格并为一谈了，薛雪之论盖源于此。这部分医案在薛案中数量不少，他注重阳气的宣通功能在本病发生发展过程中的重要性，提出“清阳不主转旋”这一病机要点。在治疗上，有在气、在血之别，有逐瘀、蠲饮之异，既有对仲景等前人经验的继承，又能自出机杼，别具一格。

（一）温运胃气法

脾胃五行属土，同居中焦，但体用各异。脾为阴土，喜燥恶湿，以升为要，化生万物。胃为阳土，喜润恶燥，以降为顺，受纳饮食。脾胃气和实际上就是两土相为资益。正所谓“太阴湿土，得阳始运；阳明燥土，得阴自安”。如果说叶天士比较重视“得阴自安”这一方面，薛雪则较为强调“得阳始运”这一方面。他认为“大凡噎格反胃，老年闭于胃脘之上，是清阳不主转旋，乃无形之结”，强调胃阳虚衰在本病发生发展过程中的重要性。同时也能从医案中看出他很清楚脾胃之间润燥相济、升降相因的共同生理特性，唯有兼顾润燥、燮理阴阳，脾胃之气方具冲和之德。这也是他反复提及的胃之冲和之气的意义。基于这种理念，他常以大半夏汤出入化裁。该方是《金匮要略·呕吐哕下利病》的第一首方剂，既有人参大补脾胃之气，又有白蜜润燥养阴，辅以半夏降逆止呕，是兼顾标本之剂。

案例 1

六旬外阳气不旋反闭，上不纳食，下不更衣。此为关格，脉小结涩，伤于无形，最为难治。

妙香丸，每日三粒，十服。

接案：大凡噎格反胃，老年闭于胃脘之上，是清阳不主转旋，乃无形之结。辛香通关，反觉热闷上升，虚症无疑。以大半夏汤合加黄连合泻心法。

人参、半夏、茯苓、川连、竹沥、姜汁。

案例 2

噎膈为患，脉微而迟，乃胃之冲和之气，曲运神机所致也。今已颗粒不食，呃逆不止，仓廪顿惫之象。

人参、茯苓、陈皮、枳实、生术、甘草（炙）、半夏磨冲，纹银汁和入服。

从案 1 两次连续的医案来看，主要反映了三个问题：一是薛雪对关格概念的认识；二是薛雪对噎膈反胃这类疾病的病机考量；三是薛雪在治疗这类病证的套路——先用妙香丸，再用大半夏汤。妙香丸见于《太平惠民和剂局方·卷六》，由巴豆、牛黄、龙脑、腻粉、麝香、辰砂、金箔等药味组成。原书认为该方能解五毒、转下一切恶毒涎，用以治疗丈夫、妇人时疾伤寒。薛雪以之治疗噎膈，取其能泻下通关、破结开闭，此为治标之法，短暂使用后便以大半夏汤调理图本。同时也以之为试探之剂，“辛香通关，反觉热闷上升，虚症无疑”，在另一则医案中指出“妙香开上反吐，此中焦胃阳已虚也”。胃气虚衰，不耐攻伐，这类辛香燥烈之品入胃，反致胃气不和，呕逆于上。妙香丸短暂使用或用后不适，就换用大半夏汤化裁。由于该方药味较少，多与其他方剂合用。案 1 中二诊用的是“大半夏汤合加黄连合泻心法”，这个表述比较复杂，其实这两首方剂的组成有密切联系，大半夏汤中的人参、半夏，加入黄连，半夏泻心汤的骨架基本成形了。竹沥、姜汁和胃、降逆、止呕，茯苓健脾。案 2 已是颗粒不食、呃逆不止，显为噎膈重症，胃阳之气困惫，此时断不可以妙香丸攻伐，唯有以大半夏汤加味缓图，加味后基本可视为六君子汤加枳实，益气健脾，和胃化痰。煎服法较为特殊，磨汁服用，亦仿四磨汤“磨则味全”之意。笔者认为，磨汁服用保证了在相同的药物剂量下，达到最大的药汁浓度，对于这种久病重病且难进饮食的病人，这一点十分关键。至于和入纹银汁，但不清楚是煎煮纹银的水，还是熔化纹银后的液体。如是前者，在中医汤剂、丸剂中均有使用金银等贵重金属的先例，意在重镇坠降、辟邪之用。如是后者，则似有不稽。

（二）辛开苦降法

辛开苦降是后世医家对《伤寒论》半夏泻心汤组方法度的概括。自成无己分苦泄、辛散、甘补三方面分析此方的配伍规律之后，历代医家多沿用这一思想。笔者认为，清代的张秉成之论较为妥帖，“痞坚之处，必有伏阳，故以芩、连之苦以降之，寒以清之，且二味之性皆燥，凡湿热为病者皆可用之。但湿浊黏腻之气，与外来之邪既相混合，又非苦降直泄之药所能去，故必以干姜之大辛大热以开散之。一开一降，一苦一辛，而以半夏通阴阳，行湿浊，散邪和胃，得建治痞之功。用甘草、人参、大枣者，病因里虚，又恐苦辛开泄之药过当，故当助其正气，协之使化耳”（《成方便读·卷二·和解之剂·半夏泻心汤》）。薛雪亦用此方治疗湿热中阻，食入即噎、呕恶吐逆之证。湿为阴邪，热为阳邪，湿热互结，湿遏热伏，胶结难解，中焦气机痞塞，若只以苦寒清热则伤脾阳，而更生湿浊，单用温燥除湿则反易助热，唯辛开苦降，辛以通阳，苦以清降，两解湿热为是。

案例

酒热伤胃，谷食入脘即噎，涌出涎沫，阳明脉不用事，筋脉牵绊，与半夏泻心汤。

半夏、茯苓、金石斛、竹沥、姜汁。

接服：杏仁、鲜枇杷叶、厚朴、茯苓、半夏。

本案病因很清楚，酒热伤胃，湿热蕴结中焦无疑，噎阻不食、呕吐涎沫，正当以半夏泻心汤辛开苦降、破结消痞，使湿热除、痞结消，自然呕恶止、饮食入。薛氏辨证选方的思路比较清晰，但组方用药与半夏泻心汤还是有出入的。方中半夏、姜汁还是泻心汤的骨架，竹沥或可替芩、连一用，茯苓、石斛就难窥其妙了。或许病人还有其他方面的表现。笔者选择此案意在展示薛雪治疗噎膈使用半夏泻心汤一法，至于具体用药，读者自当活法在心，不必胶柱鼓瑟。

（三）泄金平木法

纵观薛雪有关脾胃病的医案，在调理脾胃的同时，他比较注重调整肝脾、肺胃、肝肺等脏器之间的关系。在前文咳嗽病案一节中，可见薛雪善用培土生金一法，而在噎膈病中则比较注重肝肺之间的关系，独擅泄金平木。肺居膈上，其位最高，为五脏六腑之华盖，主气司呼吸，其气以清肃下降为顺；肝居膈下，主藏血，其气主升主动，喜条达而恶抑郁。所以二者的关系，主要表现在人体气血的升降运行上，肝升肺降则气机调畅，气血上下贯通。从五行属性而言，肝属木，肺属金，金克木，金气的肃降之性能够制约木气的升发之性，木气过亢亦可反侮肺金，二者相互制约，维持着脏腑间关系的平衡。具体到噎膈病，由情志内伤，肝气郁久而亢逆于上，裹夹胃气，胃气不降，患者自然噎食难下、呕恶不止。通过清肃肺金就可以抑制肝木之气上逆，肺气下降则肝气自然升而有度，肝气和缓则胃气才能平复，诸证好转。一般将此法名之为佐金平木，薛雪在医案中称之为泄金平木，笔者认为更为恰当。

案例 1

右脉弦长而数，左脉带涩，阻在胃之上脘，起自恚怒，不独伤肝，肺亦有之，何也？以其循胃上膈，是肺之所属，金不及木，得反侮之，聚则气凝痰阻，眼胞足以证之。拟泄金平木何如。

枇杷叶（姜制）、苏子、水梨汁、代赭石（醋制）、桃仁、茯苓、姜汁、郁金、滑石、绛绢三四寸煎汤代水。

案例 2

老人噎膈，不能纳谷，脘中窄隘，是气不通，非有余之比。

枇杷叶、米仁、橘红、芦根、茯苓、姜汁。

案例 3

脉右弦面色赤亮，纳谷咽干，脘阻碍不下。五十四岁清阳日薄，致转旋日钝，痰必阻气，结则脘窄不能宣通耳。大便仍利，但治脘膈之上。

白蔻仁、杏仁、厚朴、桔梗、枳实、半夏。

案 1 将噎膈病过程中，肺、肝、胃三者在病理上的关系阐述得比较清楚。从脉象上看，右脉弦长属肺胃气滞之象，肺气不降，故而肝气不升，肝血亦瘀，所以左脉带涩。治疗上以枇杷叶、苏子、梨汁润降肺气，赭石、姜汁和降胃气，郁金畅肝气，桃仁和肝血，茯苓、滑石消痰湿。全方配伍严谨，用药妥帖。唯绛绢三四寸煎汤代水遍查诸籍，不知其意。案 2 述症虽简，但“气不通，非有余之比”指明病在气分，用药亦是降肺为主，兼以和胃化湿。案 3 亦是右脉弦，与案 1 相类。其辨证眼目在于“大便仍利”，说明邪结偏高，才可但治脘膈之上。其用药亦着力于胸中清旷之地。杏仁、厚朴是《伤寒论》桂枝汤证兼咳的加味组合，宣中寓降。桔梗、枳实，一上一下，一升一降，亦是宽胸利气的重要药对。

（四）辛香芳温法

辛香芳温一法主要指采用辛香走窜的药物，借其开窍通关之功，治疗噎膈闭阻、饮食不下之证。本法原用于窍闭神昏之证，薛雪借用于此，常以苏合香丸或方中加用麝香，取其走散之力，破结开闭。但本法究属治标之用，破气耗气，只可暂用，不宜久服。仅录一案备考。

案例

食不得化，是无阳也。脉络映痛，辛香芳温可效，当用苏合香丸。

（五）渐磨运荡法

渐磨运荡一法，应本于严用和《济生方》中四磨汤一方。原方要求将 4 味药各磨成浓水，再合煎三五沸，乃“磨则取其气味俱足，煎则取其气味纯和”之义。在该书的积聚门中亦对运荡一法有所阐述：“夫积者，伤滞也。伤滞之久，停留不化，则成积矣……当是之时，法宜推荡，然后助养脾胃。所谓推荡者，更宜斟量人之虚实，伤滞之轻重而推荡之。”虽然没有正面解释，但依然可以理解到含有行气消滞的意思。薛雪提出的渐磨运荡之法基本秉承了严氏的理念，针对气滞痰凝、为噎为格的病机，选取行气导滞、化痰散结之品组方；亦用磨汁与煎煮相结合的煎服方法，取其缓缓斡旋，不过攻过补。

案例

膻中为宗气之海，气无冲和之力，为噎为格，皆能致之。竟拟渐磨运荡之法，庶几得之。

郁金汁、檀香汁、川贝、瓜蒌皮、制半夏、沉香汁、枳实汁、块茯苓。

从案中表述来看，似已现正气虚损。此时单纯破气消积，恐耗伤正气，反致气虚气滞之弊；但是如果不及时行气导滞，结聚日久，更难消散，且病人刻下饮食必然困难，拖延日久，定成不治，所以薛氏采用了将气药磨汁的方法。郁金、檀香、沉香、枳实皆是行气开郁之品，特别是沉香质重，性善沉降，枳实亦有“冲墙倒壁”之功，磨汁既保证了较高的药物浓度，又减轻了这类行气之品的峻烈之性。川贝、瓜蒌、半夏皆是化痰散结的必用之药，茯苓健脾以杜生痰之源，这4味药与行气药相伍，对气滞痰凝之证最为恰当。

（六）活血逐瘀法

气结日久，必致痰凝血瘀，此时病情由气分延及血分，由无形发展为有形，由于饮食不进，正气亦日渐亏虚。瘀血阻滞，加之长期饮食不入，致使津液枯竭，有阴伤化燥之象。瘀血内停、血不归经，每易造成出血。临床多见吞咽梗阻，胸膈疼痛，食不能下，甚则滴水难进、进食即吐，泛吐黏痰，或如赤豆汁，大便坚硬如羊屎，面色灰暗，形体偏瘦，肌肤甲错等症。此时多为噎膈重症、晚期，治疗更为棘手。此证人皆尽知以活血逐瘀一法应之，但在具体应用上，如何处理好扶正与攻逐这一对治法的轻重缓急关系，颇见医者功力。对于这类证候，正气尚耐攻伐，薛雪主张攻瘀；而病程日久，正气不支，则每以缓逐图治。

案例 1

先吐污浊，继而气逆吐食，平日腹痛今已，便难，瘀留在络，气乱道路不通，有形阻及无形，议攻其瘀。

桃仁、制军、桂枝（去皮）、延胡索、生蒲黄（炒烟尽）、五灵脂、韭白汁，临服冲入三十匙。

案例 2

凝瘀既久，三焦道路为壅，延成反胃噎膈，议缓逐一法。

人参（研）、桃仁（去皮尖，烘脆）、麝香（研）、大黄、䗪虫（酒浸，新瓦上供焙脆）、当归梢（烘），炼蜜为丸。

案 1 从症状表现来看当是噎膈病，病及血分之证，薛雪亦明示“有形阻及无形”。此时病人有比较明显的吐逆症状，这在某种程度上也反映了患者正气尚可，尚能吐出污浊，正气还有向上向外的运行趋势。当然亦要参考舌脉表现综合判断。虽然正气尚耐攻伐，但薛雪选方用药也比较谨慎，并没有选用逐瘀破血的峻利之品。以失笑散化瘀止痛，辅以桃仁活血通络、延胡索行气活血；制军既可化瘀生新，又能通腑泄浊；桂枝温通阳气；韭汁亦是通阳行气、降逆止呕之品。诸药合用，既考虑了气血之间的关系，又顾及到久病入络的情况；既防止正气进一步受损，又着眼于瘀留在络的标实之急。案 2 则体现了薛雪对正气不耐攻伐者的治疗思路：一是有扶正之人参，二是剂型变为丸药，而同时又适当选取了逐瘀破血之力较强的动物类药䗪虫，并加用芳香开窍的麝香，通关破瘀之力更胜。此时正气不足，邪气亦不盛，正虚邪微，病人尚可进食，这是使用丸药缓图的前提条件。

（七）化痰涤饮法

痰饮多由体内水液不得输化，停留或渗注于体内某一部位而引发，它们都是津液代谢障碍所形成的病理产物。水停成饮，饮凝成痰，又可成为新的致病因素。在许多复杂内伤疾病的发生发展过程中，都可窥及痰饮致病的因素。就噎膈病而言，如果病人素体阳虚脾弱，或嗜食酒醇肥甘，酿湿生痰，初期就可见到痰饮内停的证候；晚期，脏腑功能衰微，阳气困顿，阳不化水，更易见到该证候。且此时，因痰致瘀、痰瘀互结、正津不布而致燥等多种病机共存，痰饮内停的同时多伴有血瘀、津伤、阳虚等表现，治疗起来颇为棘手。此时单纯的燥湿化痰、涤痰蠲饮等治法是不够的，必须与行气、化瘀、扶正诸法同施，且要掌握主次先后、轻重缓急。

案例 1

经云：食下不化，是无阳也。今早纳晚吐，仍然完谷，胃阳衰惫困穷，反胃涌吐，阳气结痹，浊阴壅遏，况少壮至中年，操持萦思，喜饮少谷，阳气积伤。虞天民有云：格拒反胃，必阴枯阳结。视面赤属饮，脉弦为痰，饮留气凝，焉得不痛，缓痛宜通，然非攻下荡涤之比。当从通阳镇逆为法，真寒辛酸，破泄真气，大伤胃阳，不可再服。仿仲景胃虚客气上逆例。

人参、淡附子、淡干姜、代赭、块苓、白旋覆花。

案例 2

昔年嗜饮，湿聚痰壅，致清升浊降，痹阻食脘窄隘，咽窍不纳，饮留气凝。治在上焦，以饮有质，气无形也。

生滑石、紫厚朴、竹沥（冲）、芦根、瓜蒌皮、姜汁（冲）。

案 1 对临床表现记载得不甚详细，但是对阳气虚衰、阳不化阴的病机阐述比较细致，特别是引用的虞抟“格拒反胃，必阴枯阳结”一语，精辟地概括了噎膈病后期复杂的病机特点。基于阳虚而结，浊阴凝聚的病机，在治法上既不可攻下荡涤、又不可破泄真气，提出了通阳镇逆的法度。既要补阳气之虚，还要行阳气之滞，同时要用重镇之品降阳气之逆。旋覆代赭汤是《伤寒论》中治疗因误用汗吐下法、伤及胃气，导滞脾胃升降失常、痰浊停滞心下，出现噫气不除、心下痞硬等证候的方剂。其针对的病机中亦有“虚”“结”“逆”的特点，所以薛氏灵活地借用该方，化裁使用。他加重了温阳的力度，加用附子、将方中的生姜改为干姜，同时将半夏去除。我认为他去半夏的缘故有二：一是病人呕吐目前不是很频繁，只是朝食暮吐，矛盾的症结在于胃阳不化，而不是单纯的胃气上逆，所以将生姜亦换为干姜，重在暖胃。二是虑半夏之燥，半夏正是凭其性燥而能化痰，但是性燥亦可伤阴。此时噎膈后期，留得一份阳气与津液，便是留得一份生机与转机。所以，在内伤疾病后期，如何处理扶正与祛邪之间的矛盾，最能彰显医生的经验与胆识。本案唯一令人费解之处就是“面赤属饮”，恐有误。案2对“因”“机”“证”这三个要素的论述是一线相贯的，嗜酒生痰——痰阻气机——咽食不下，接下来顺理成章，治法就应该是化痰开结、降逆止呕。从选方用药来看，薛氏是贯彻了这一思想。竹沥、姜汁化痰止呕；瓜蒌皮化痰且能宽胸散结、厚朴下气除满，两药相伍，一纵一横，开通气机；芦根亦是清热止呕之品，滑石意在通窍利水，予痰饮以出路。但是薛雪案中“治在上焦，以饮有质，气无形也”一语令人不知所云，似是强调病在胸膈，不可药过病所。特别是从前面“泄金平木法”一节来看，薛氏比较注重肺胃之间的关系，强调降肺气一法在治疗噎膈中的重要性，于此亦可窥及一斑。

五、泄利

泄泻与痢疾是内科两大重要疾病，《内经》便有泄与肠澼之别。前者有洞泄、濡泄、飧泄等不同分类，后者在症状上有便血、下白沫、下脓血等具体描述，成为关于这两类疾病鉴别的最早论述。在张仲景的《伤寒论》与《金匮要略》中统以“下利”来概括这两类以腹泻为主要表现的疾病，并没有为两类疾病各自构架出辨治理论，其辨证论治的思路与方法一般是在治疗泄泻的基础上，针对便血、便脓等具体表现，辅以凉血、解毒、温阳、收涩等具体治法，这一辨治思维对后世的影响是很大的。至唐虽有“痢”“滞下”之名，金元时代已知痢疾可以传染，痢疾和泄泻两类疾病的区别越来越清晰，但是在辨治方面并未越仲景藩篱，只是在针对痢疾的特殊治法上越来越丰富，形成了一些独有的方剂。张景岳曾经谈到：“泻痢之证治有不同，而门类亦当有辨，然病实相关，不可不兼察以为治也。”在《扫叶庄医案》中，痢疾、泄泻、便血三病合为一篇，本人在整理这部分内容的时候，将泄泻与虽言痢疾、但未言及下血便脓证的归为一类，统名为泄利，以其辨治思路并无二致，故合并讨论。而将便血单列一篇，单独讨论其治法。

关于泄利的病机多尊《素问·阴阳应象大论》“湿盛则濡泻”之旨，脾喜燥恶湿，湿气内盛则脾阳受遏，运化水液功能失调，而见大便泄泻，故又有“湿多成五泄”之论。所以在治疗上终也不离化湿祛湿一法，李中梓曾有淡渗、升提、清凉、疏利、甘缓、酸收、燥脾、温肾、固涩等治泻九法，多数亦与化湿祛湿相关。纵观薛氏泻利门医案，其法度亦未越此藩篱，无论健脾、温肾、芳化、苦燥、养阴、通阳皆是以祛湿、化湿为目的。以下从七个方面，总结薛氏治疗泻利的法度与组方用药规律。

（一）健脾祛湿法

既然泻利的主要病机是“湿胜则濡泻”，而脾又主运化水湿，所以健脾祛湿法是治疗泻利最常用的治法。本法所针对的证候多因饮食不周，伤及脾气，加之夏秋季节气候潮湿，内外合邪，湿困脾阳，下注大肠而为泻。由于肝属木，脾属土，今脾土不健，肝木愈强，木伐脾土，脾气更虚。所以这类证候治疗时要在健脾的同时，佐以疏肝，肝木条达，木来疏土，脾土方健。薛氏对这类证候多以戊己汤加减化裁，戊己汤是四君子汤加陈皮、白芍，四君子乃益气健脾之剂，陈皮燥湿理气、白芍柔肝缓急，诸药合用，恰为缓肝健脾之佳剂。

案例 1

幼稚夏季不食，腹痛泻积，交冬未愈。忆今四五月久雨，潮湿之蒸，皆令脾胃受伤，半年来虚中留滞，当疏补兼投，食物冷滑肥甘须忌。

人参、麦芽、茯苓、生益智仁、白芍、山楂（炒）、广皮、焦术、砂仁、神曲浆和丸。

案例 2

清暑和中，痢减痛缓，医惑于痰嗽，多以清凉。视面无华色，血气更偏，东垣云：疟痢都因脾弱，用戊己汤。

案 1 的病因主要以外感湿邪为主，脾主湿又恶湿，湿从外来，最易困遏脾阳，湿气留置中焦，缠绵不去。在治疗中，薛雪提出要疏补兼投，选用的方剂则是在戊己汤的基础上，加用芳香化湿行气的砂仁，消食化积的麦芽、山楂、神曲。另外，方中还有益智仁也是薛氏喜用之品。因泄泻已拖延半年未愈，中气耗伤，久必及肾，所以用之温肾暖脾以止泻。案中提到要忌食冷滑肥甘之品，可谓要言不烦。案 2 的病因主要是过服寒凉药物、伤及脾阳而致，选方则明示为戊己汤。两案结合来看，对薛雪针对这类病证的病因，其立法思路、选方用药就比较清晰而全面了。

（二）脾肾双补法

脾肾双补法适用于泻利日久、脾虚及肾、肾阳亏虚、火不暖土之证。此时泻利多见五更晨泻、久泻冷泻、迁延不愈，多伴见畏寒、肢冷、足肿、面浮等肾阳不足，气化失司，水液泛滥之证。此时单纯健脾化湿止泻已然力量不足，必须要脾肾双补，先后天同治，使火来暖土，脾湿得化、泻利自止。薛氏选用的是缪希雍的脾肾双补丸。该方见于《先醒斋医学广笔记·卷一·泄泻》，亦是缪氏治疗肾泄的经验方。方中人参、莲肉、山药健脾化湿止泻，菟丝子、肉豆蔻、巴戟天、补骨脂补火暖土，山萸肉、五味子酸敛固涩，陈皮、砂仁行气化湿，车前子分利水湿。该方配伍严谨、用药精当，是治疗肾阳不足、火不暖土之肾泻的佳剂。

案例 1

脉弱形瘦，食不适，必泄泻。此阳气已伤未寒，下焦先冷，用

缪仲淳双补丸。

案例 2

向有遗精，肾阴不摄，正月间粪溏积下，入秋足胫浮肿，目下渐上，遇冷为甚。

脾肾双补丸。

案例 3

脉微晨泄，初冬未及藏阳，以脾肾治，最是纳谷减少，当以中焦，兼理其下。

人参、干姜（炒）、甘草（炙）、生於术、淡熟附子、淡吴茱萸。

案例 4

脾肾虚泻。

苓、术、菟丝、砂仁、山药粉和为丸。

案 1、案 2 都使用的是脾肾双补丸，两案共同点是患者有先天不足、肾气本弱，阳气易伤，虽然肾泻的特点尚未出现，但治疗上要未病先防、已病防变，先安未受邪之地，所以脾肾同治、双管齐下。案 3 则明显有晨泄的症状，已具肾泻的特点，因纳谷减少的症状比较严重，所以以中焦为主，兼理下焦。选方是理中丸加熟附子和吴茱萸。熟附子是补火助阳的重要药物，《伤寒论》厥阴病篇亦提到“若其人内有久寒者，宜当归四逆加吴茱萸生姜汤”。可见吴茱萸是暖脏的佳品，四神丸中亦有该药，是治疗肾泻的必

备之品。案4没有症状记载，只有病机“脾肾虚泻”，组方亦是依据健脾补肾的思路，选用的药物也较为精当，剂型为丸剂，意在缓图。

（三）导气利湿法

导气利湿法是薛雪在医案中自己提到的法度。本法主要适用于感受湿浊之气，郁阻中焦气机，证见腹痛腹胀、泻利日久。薛雪认为：“阳微湿聚成利，必温通其阳，斯湿可走。”冷香饮子是他使用本法的代表方剂。该方由草果、附子、陈皮、甘草4味药组成。薛雪在此方基础上，多以芳香化湿类草果、藿香梗、白蔻，伍用行气化湿的陈皮、厚朴、茯苓皮、大腹皮，少量佐用健脾止泻的扁豆和淡渗水湿的木通、泽泻组合成方。

案例1

长夏入秋，脾胃主气，湿郁阻气，为痛为泻，更月不愈。中宫阳气未醒，仍有膨满之象，导气利湿主方。

茯苓皮、草果、藿香梗、广皮、厚朴、大腹皮。

案例2

食物不运，太阴脾阳受伤，湿热内蕴气窒，为腹胀痛下利。据说胀起上年，痢在今秋。但主理气温脾祛湿，用冷香饮子。

草果、藿香梗、茯苓皮、木通、厚朴、大腹皮、广皮。

案例3

久嗽是宿疾，近日腹痛泻利，是脾胃受暑湿客气，当先理邪，痛泻止再议。

扁豆（炒）、藿香梗、茯苓、甘草（炙）、木瓜、广皮、厚朴。

案例4

寒热脘腹胀，呕恶舌白利，及久痢不曾复元，再着风湿之邪。

藿香、白蔻、茯苓、广皮、厚朴、泽泻、保和丸。

案1发病时间是长夏与秋季过渡时期，湿气当令，人体感受湿邪，郁阻气机，遂现腹胀、腹痛、腹泻之证。按语中明确提出导气利湿的治法，选方用药也本于此。这六味药也是接下来几则医案中频频使用的药物。案2的病因起于饮食不节，脾失健运，湿热内蕴，在长夏季节湿气当令之时，脾弱不运最为显著，所以变生痢疾。这就是案中“胀起上年，痢在今秋”的道理。案中提到了冷香饮子，但并没有使用方中原有的附子和甘草，恐有助热酿湿之嫌。案3案4都明确交待了了感受外邪的病史，可见本法主要适用于新感外邪，通过导气利湿，驱邪外出，阳气亏损尚不严重。

（四）清热利湿法

清热利湿法是治疗泄利最为常用的治法。湿邪属于阴邪，但蕴结体内，日久化热，此时湿处热中，热伏湿内，湿热交织，羁久不愈。薛雪对湿热类温病有很深的研究，其代表性著作《湿热论》便是其诊治湿热类温病的诊治经验及理论提升。他指出：“夫热为天之气，湿为地之气，热得湿而愈炽，湿得热而愈横。湿热两分，其病轻而缓；湿热两合，其病重而速”湿为阴邪，宜芳香温化；热为阳邪，宜苦寒清解。湿热相合，温化则恐助热，清解则碍湿化。正如吴鞠通所言，“徒清热则湿不退，徒祛湿则热愈炽”。治疗易左右牵制，难于速解。对于本证，仲景亦有葛根芩连汤、白头翁汤传世，河间的芍药汤亦为本证代表方剂。但是这些方剂偏于苦寒清热燥湿，如患者素体及证候表现无阳虚、气虚，尚可应用。一旦有虚实夹杂的情况，这类方剂并不很合适。温病学派医家认识到这一点，提出湿热证治疗的关键在于使湿热两分，叶天士在《温热论》中亦云：“或渗湿于热下，不与热搏，势必孤矣。”湿祛则热孤，而无狼狈为奸之虞。从薛雪的医案中也可以看出，他在苦寒清热的同时，强调分利、淡渗。在使用芩、连、柏这些苦寒燥湿之品的同时，也配伍茯苓皮、滑石、淡竹叶、泽泻等渗利水湿之品，甚至还佐用厚朴这类温化之品，可见他对湿热证的治疗是颇有心得的。

案例 1

下痢腹痛，初因寒湿伤脾，久变湿热，着于肠胃，痛利不减，肠中硬起不和，不得流通明甚。当以苦泄小肠，兼分利而治。

川连、楂肉、木通、川柏、泽泻、苦楝皮。

案例 2

湿伏为热先泻，泻止腹痛，耳窍脓水，微出血，淡渗以分消。

连翘、茯苓皮、淡枯芩、紫厚朴、滑石、赤芍、淡竹叶，煎送保和丸。

案 1 对湿热下利证的病因、病机演变叙述得比较详细，肠中硬起不和，这显然是当今肠管痉挛的表现。治法也比较清晰，一要苦泄、二要分利。处方也紧紧依据立法，黄连、黄柏、苦楝皮都是苦寒燥湿的，木通、泽泻则是淡渗水湿的，佐用楂肉消食化滞。理法方药，丝丝入扣，中规中矩。案 2 医案叙述较简，但处方非常耐人寻味。黄芩、赤芍是《伤寒论》黄芩汤中的组合，黄芩汤被誉为是治疗湿热下利的祖方。连翘清透热邪，并无苦寒伤阳之弊。配伍茯苓皮、淡竹叶、滑石淡渗水湿之品，乃渗湿于热下之义。妙在一味厚朴，本温中化湿之品，似与湿热的病机不符，但是与大队的寒凉药配伍，其并无温燥助热之弊，而其化湿之能得以彰显，又可行气导滞，其与河间芍药汤中的肉桂、当归反佐用意相类。方中还有保和丸，上案中有楂肉，可见薛氏在治疗本证中，注意化滞消积。因为湿热久羁中焦，脾运不健，最易积滞。配伍这些消积药可以是防止食积停留，增进患者食欲，胃纳渐佳，疾病也易向愈。这则方剂体现了薛氏在湿热证诊治方面确实匠心独具，在充分继承前人经验的基础上，又结合自己的临床体会别裁伪体，显示了较高的诊治水平。

（五）养阴燥湿法

养阴燥湿法是应对出现在泄利病程中比较复杂的一类证候的治法，此时多是湿热久羁，耗伤阴血，使湿热和阴虚两类具有矛盾性的病机共存一处。前文已述及湿热并存就具有一定的矛盾性，此时又添阴虚与湿滞一对具有矛盾性的病机，处理起来更加棘手。这一证型在临床实践中是常见的，不仅在下利一病中出现，在多种疾病的发展过程中都会见到。对这类证型的治疗能体现中医辨治过程中圆机活法的特点。在薛氏医案中有数则这样的医案，也体现了薛雪丰富的临床实践，从这些医案中也可以体会到其应对这样复杂病机的老练与精到。总起说来，处理这类证候关键在于清热、燥湿、养阴三种治法的比例与各自切入时机的把握，另外对具有这三类功效药物也需要认真选择。清热多以甘寒养阴之品，或苦寒配以甘寒；一般少用淡渗水湿，多以燥湿之品应对湿邪；养阴尽量使用味薄不腻之品，避免助湿。

案例 1

诊得脉细数而微，舌干黄，下利，身焦燥而不润，此为下多伤阴，热邪因之而内陷，大可虑也。治法轻以清其邪，苦以泄其热，未识应否。

川连、小生地、人中黄、淡豆豉、木通、金银花。

本案从脉证来看，似一派阴津亏虚、虚热内盛之象。但是舌黄提示内有湿滞，并不是单纯阴津亏虚之舌净无苔。所以一面要养阴清热、一面要燥湿泄热，以黄连与生地相伍，为方中主干。生地、细生地功用大体一样，都是滋阴补肾、凉血清热，但生地味厚滋腻，大量或久服，容易滞腻有碍胃口，细生地养阴而不腻，适合温热病后期阴津不足而食纳不好的情况。吴鞠通谓细生地能“发血中之表”。蒲辅周先生在《麻疹、疹后肺炎、病毒性肺炎中医辨证论治的体会》一文中特地强调：“务必用细生地或鲜生地，勿用干生地，取其凉而不滞。”薛雪选用小生地与其“轻以清其邪”的立法思想亦相关联。此时由于下利日久，脾胃之气重伤，宜选用一些轻清之品，透散邪气，避免过多地使用厚味，加重脾胃负担。之后的几味药都有这个特点：人中黄质轻但性寒味甘，凉血清热而不伤阴；淡豆豉辛散轻浮，苦泄性凉，既能透散外邪，又能宣达郁热，且有一定的和胃助运的功效；金银花更是甘寒质轻、透散邪热的佳品，且为热毒痢疾之要药；木通也是薛雪喜用之品，《本草纲目·草部第十八卷·草之七·通草》谓之“上能通心清肺，治头痛，利九窍，下能泄湿热，利小便，通大肠，治遍身拘痛”，通可去滞，薛氏选择该药意盖于此。总起来看，全方配伍严谨，选药精当，确为针对阴虚湿滞之下利证的良方。

案例 2

邪陷入里，疟变为痢，古称经脏两伤，方书都以先解外，后清里。拙见论病先究体质，今素有血症，且客游远临，从阴虚伏邪是，用药须避温燥劫阴矣。鼻煤龈血，舌张干涸，阴液有欲尽之势，奈何，邪热内迫，有油干焰灭之危。医见病治病，不审肌如甲错，脉细尺不附骨，入夜烦躁不寐。议以护阴，急清阴中之邪热。

生鸡子黄、黄柏、清阿胶、白头翁、北秦皮、小川黄连、细生地。

本案从病史、症状等方面来看，阴伤较重，已有津枯液涸之势，此时救阴护阴乃当务之急，而泄热又是救阴不可避免的一环，这二者在应用的主次上要有所考虑。从用药来看，薛雪使用养阴药的比例比案 1 明显加重了，这个方剂也是由黄连阿胶汤、白头翁汤两方相合、加减而成，亦有黄连与生地的配伍，且黄连前注明“小”字，生地前注有“细”字，这些细微之处不可不察。

案例 3

平素阴亏，热注入里为利，粪结便出痛坠，诊脉左坚下垂，不以脾胃燥药。

细生地、阿胶、山楂（炒）、穞豆皮、生白芍。

本案述证较简，但是如果以方测证，此时病家阴虚为主，而热象、湿滞不著，所以方药较案 2，清热燥湿类的药物全部去掉了，而添加了穞豆皮和生白芍两味养阴之品。生白芍生用意在养血敛阴、缓急止痛，穞豆衣性味甘平，是一味滋阴除热、平补肝肾的药物。炒山楂也是薛雪喜用之品，除了消食化积、增进胃纳之外，亦有酸敛酸收之效。

案例 4

夏秋痢疾，大率水土湿热致病，用药都主苦寒攻消清火最多，但体质久虚，带淋经漏，当利起经带交炽。因时病累及本病，未宜香、连、槟、朴、大黄大泄之剂矣，良由下焦不固，利必亡阴，小肠气郁，粪垢欲出，痛坠不爽。此宣通垢滞，又必顾护阴气。凡看病必究体质，勿通套混治。

细生地、银花（炒）、砂糖（炒黑）、甘草（炙黑）、穞豆皮、楂肉（炒）、白芍（炒）。

本案主要详细论述了治疗湿热下利过程中，由于过用苦寒燥湿之品，使得阴血阳气都有耗伤。这里薛雪强调了体质问题，虽然有湿热之证，清热燥湿为当用之法，但是要“必究体质，勿通套混治”。如本阴虚之体，过用香、连、槟、朴，使得湿热未除而阴津先亏。从选方来看，较案 3 少了阿胶，而多了银花、黑砂糖、炙甘草三味。银花显然是意在清热，炒用恐其伤阳；黑砂糖也就是红糖，乃产后补气养血的习用之品；甘草炙黑，其甘温热之性益著。所以从制方来看，患者不唯阴伤，阳气亦有一定的虚衰不振。所以是清热、养阴、温补三法并投。

案例 5

本病下损，利再伤阴。从肝肾治，勿以泻痢投燥，燥则劫阴矣。

人参、山药（炒黄）、楂肉（炒）、熟地黄、广橘红、茯神。

本案叙证不详，但是立法选方用药与前几案有所不同。案中一再强调勿用燥药，并议从肝肾治，但从处方来看，着眼点仍在脾胃，类似于明代医家补养脾阴的治法。本方基本是四君子汤白术易为山药。明代的周之干曾反复强调山药补脾阴功效，认为“脾阴不足，山药宜多用”。熟地是补肝肾之品，虽性滋腻，但在陈皮、山楂的配伍下，能充分发挥其滋养之功而不滞腻。以方测证，患者此时已是泻利日久，气阴不足，湿热不著的邪少虚多之候了。所以方中已无清热燥湿之品，而一派滋补脾肾之阴。但是养阴的法度不是一味地甘寒滋养，而是甘寒养阴与甘温、甘平益脾气并施，组方温而不燥，滋而不腻，颇有气旺津生、阳生阴长之妙。

（六）温阳化湿法

温阳化湿法主要针对泻利日久、气随液脱，脾阳受损、日久及肾之脾肾阳虚证。此时由于脾气主升、肾司固摄，今脾肾阳虚，肠中水湿失于收摄，泻利更加严重。薛雪在案中提到："久痢治法，非通即温。"本法即是温法。其选用的方剂主要有三：一是所谓的补肾柔剂，多是温补肾阳而不刚燥，兼能涩肠止泻之品，如补骨脂、菟丝子、肉豆蔻等，基本不出四神丸的法度；二是仲景四逆汤，补肾柔剂不应时多投以此方补火助阳、回阳救逆；三是理中丸，偏重于温脾阳。通过温补脾肾之阳使气化湿化，同时亦增强了阳气的固摄之力，使泻利得止。

案例 1

久痢久泻肛坠，频频不爽。此乃肾伤，脉来数小，医作脾胃病治，故不效。

熟地黄炭、归身（炒焦）、补骨脂（漂淡）、菟丝子（炒）、五味子。

接案：久痢治法，非通即温。既曰肾病，则阳宜通，阴宜守矣。

熟地炭、熟附、桂枝木、五味、川椒（炒）、归身（炒）。

接案：柔中佐刚，利未得减，下焦常冷过膝。

仲景四逆汤。

这是薛雪医案中较为少见的连续记载诊治过程的病案。初诊已是久利脱肛之候，且前医治脾胃不应，断为肾伤，但是处方没有一味温补，将四神丸中偏于温燥的吴萸、肉蔻换为平补的菟丝子，而且还用了两味养阴补血的熟地和当归。主要原因可能在于案中“脉来数小”一证，久利之体，阴阳两伤，此处之脉来数小恐为阴血耗伤，虚阳浮越之象。所以此时未用较为刚燥的温阳药，恐重伤阴分，而且还加用了补阴养血之品，然又虑其阴柔碍阳，所以熟地用炭、当归炒焦，这些细微的炮制之处不可不察。再诊时，应是效果不明显，所以案中才有了非通即温之语，已有求变之意。处方中在保留熟地、当归的同时，将温肾柔剂的菟丝子、补骨脂换为附子、川椒，温阳之力加强，同时加用温通阳气的桂枝，意在使阳气周流，阴霾散却。三诊依然是“利未得减”，原因恐怕就在于“柔中佐刚”，由于加用了阴柔之品，使得补阳之力稍逊，薛雪也意识到这个问题了，所以三诊抓住“下焦常冷过膝”一证，果断投以四逆汤，使得温阳之力更加精纯。

案例 2

厥阴下利，少腹有形。

五味加茴香、椒目。

接案：动气在少腹左右，粪与血或前后，秋利交冬不愈，当温其营。

人参、浔桂、炮姜、当归（以小茴香拌）、茯苓（炒）、甘草（炙）。

本案初诊述证过简，仅以厥阴下利名之，不得其详。从方药推测，案中的少腹有形当为寒凝肝脉，所以薛氏所谓之厥阴当指肝经。方中的五味恐是五味子散的简称。五味子散即是五味子与吴萸，四神丸就是五味子散与二神丸（肉蔻、补骨脂）的合方。二诊少腹仍有动气，加之有血便，遂以温阳止血为法。但本方似乎温阳与止血之力均嫌不足，另外下血与粪便的先后次序亦未交待清楚，这在《金匮要略》中是辨远血近血用药的关键。笔者考虑本案远血的可能较大，以前方合黄土汤较为妥帖。

（七）通阳化湿法

通阳化湿法源于叶天士“通阳不在温，而在利小便”一语。通阳一法是叶天士针对外感湿热病，湿遏气机，清阳被郁，三焦不畅而出现的临床见证所采用的一种治疗方法。通阳之法与治疗阳气损伤之温阳法有所不同。温阳法是根据“虚则补之”之原则温补阳气。如脾肾阳虚之证，用药如附子、肉桂之类，良姜、干姜之属。而通阳是用于湿阻气机，阳郁不畅之证，通阳的目的在于“通”，而不在于“补”。所以叶天士明训“通阳不在温”，“不在温”指不是温补之法，而是温通之意，并非不用温性之药。温药才能助气化以宣通阳气，扫除湿阻。“利小便”是驱逐湿邪一种重要方法，但是单纯“利小便”并不能达到通阳的目的。小便通利则说明阳气得通，升降有序，气化有权，病情可愈。因此准确地说“利小便”应理解为“使小便利”，小便利是阳气通畅的标志。本法早在《伤寒论》以五苓散治疗泄泻、消渴诸证中已有体现，薛雪在叶天士所论的基础上，将通法与温法并列为治疗久泻的二法，同时亦师仲景五苓散之意治疗阳郁湿滞之泻利证。

案例 1

痢疾自止，头痛至腰，二便得通少安。议通太阳以驱湿郁。

木防己、生白术、紫厚朴、桂枝木、苓皮、广皮。

案例 2

湿多成五泄，阳气日衰，下元不振，向有下焦蹩，用四斤丸得愈。夏秋当用脾胃药。

生於术、木防己、川萆薢、白茯苓、川桂木。

案 1 痢疾自止，但从头至腰疼痛，显系阳气郁滞、湿邪停留于足太阳膀胱经，经输不利。案中提到二便得通少安，说明通过二便排出湿邪，阳气的郁滞就会得到改善。案 2 述证不详，仅提及向有下元虚损，并用四斤丸治愈下焦蹩证。四斤丸出自《太平惠民和剂局方·卷一》，由虎骨、木瓜、牛膝、天麻、苁蓉、附子六药组成。由此患者肾阳虚损可见一斑。案 2 的组方与案 1 如出一辙，故录于此。从选方来看，基本上可以视为五苓散或苓桂术甘汤的变方。这类方剂习称苓桂剂，指《伤寒论》中以茯苓、桂技为主药的方剂，其中包括苓桂术甘汤、苓桂姜甘汤、五苓散等方剂。薛氏处方保留了这类方剂中最重要的药物茯苓、桂枝和白术，可见其对仲景学术研究之精。茯苓在方中有三个方面的作用：一是甘淡利水以消阴；二是行肺之制节之令而通利三焦；三是补脾固堤以防水泛，故为方中主药，列于首位。桂枝在本方的作用主要是通阳以消阴。此方如有茯苓而无桂枝，则不能化气以行津液，如有桂枝而无茯苓，则不能利水以伐阴。所以苓桂相须相成，而缺一不可。至于白术则协茯苓补脾以利水。萆薢、防己类于仲景泽泻、猪苓之用，厚朴、陈皮则有温中燥湿的佐助之功。

六、便血

便血这里主要指大便下血，凡在大便前后下血，或与大便夹杂而下，或单纯下血均可称为便血。便血是多种疾病过程中的一个症状，其中有些疾病的辨治理论较为完备，比如痢疾、肠风等，对于便血的治疗可以纳入整个病的辨治体系中。但是还有相当多的以便血为临床表现的疾病，中医对其的辨治理论尚不完备，只能将便血作为一个主证来审因论治。无论前者与后者，在辨证施治的过程中，均要审寒热虚实、查在气在血，所以笔者将薛雪医案中记载的与便血有关的医案合并一处，分析其治法规律，当然同一证型的便血在不同的疾病中又各有特点，所以治法亦会同中有异，读者明此自可留心体察。

纵览薛氏医案，其便血治法主要清泻胃热、清热利湿、滋阴降火、温阳益气四端，现结合薛氏验案分述于下：

（一）清泻胃热法

清泻胃热法主要针对胃中积热，热伤血络之证。胃中积热，多自内先亦可受之于外。生于内者，多因近食辛辣食物，以致热积于胃。受于外者，因感受外邪，化热扰胃。热蕴于胃，不仅受纳无权，且胃热化火，损伤胃络，迫血外溢，血液下渗大肠而为便血之证。如《类证治裁·卷七·便血》指出："便血由肠胃火伤阴络，血与便下。"本证多见便血色黯或鲜红，胃脘嘈杂，时有反酸，口苦口干，舌红苔黄等表现。本证多以泻心汤和十灰散加减治疗。在薛案中本证不多，仅有一例，录此示法。

案例

鼻痒心辣闪烁，即大便下血，形瘦脉小数，已经数年。

枯黄芩、生白芍、清阿胶。

本案中大便下血的先兆很清楚：鼻痒心辣。肺开窍于鼻，鼻翼旁又为手足阳明交汇之所在，鼻痒当为肺胃热胜的明证。心辣的心应是胃脘，心辣说明胃热炽盛。由于病经数年，病人已有形瘦脉小之阴虚之象，加之本案之便血恐与痢疾关系较大，所以薛雪选方黄芩汤加味，黄芩汤在《伤寒论》中太少合病之下利，后世谓其治利祖方，《随息居重订霍乱论·卷下·药方篇第四》谓之"黄芩清解温邪，协芍药泄迫血之热"。妙在一味阿胶，既可止血，又可补血。处方虽小，但思路清晰，配伍精当。

（二）清热利湿法

清热利湿法针对湿热蕴结肠道，迫血妄行，血溢脉外之证。因于外者，由于感受湿热之邪或湿浊蕴积，日久化热，蕴结肠道；因于内者，主要由于饮食不慎，恣食肥甘，醇酒厚味，以致脾胃运化失常。聚湿生热，蕴结肠道。无论外感或内生的湿热在损伤肠道脉络时，就会使血液外溢而致便血。如《医学入门·外集·卷四·杂病分类·内伤类·血类》说："酒面积热，触动脏腑，以致荣血失道，渗入大肠。"本证是比较常见的，无论在痢疾下血、还是肠风下血，以及其他疾病引起的便血，都可以见到这种证候。由于薛氏精于对湿热类病证的辨治，并能结合不同疾病的发生发展规律，所以其对便血此类证型的治疗较为灵活多样。兹结合具体病案予以讨论。

案例 1

上有鼻窍浊涕紫血，下则遗精便血，但说肾虚，阴不配阳，未必上下皆病。意者本质固虚，水谷之气聚湿，湿生热，热升热降，致上下不宁。此酒肉鲜腥须忌，谓助其湿热也。

生白术、黄连、黄柏、防风根、地榆、槐花、葛根（煨）、茯苓，水泛为丸。

本案病情较为复杂，与《伤寒论》麻黄升麻汤证有几分类似，亦是上下交病、虚实互见的证候。因为舌脉等诸多表现不详，从薛雪的分析和选方用药来看，紧紧扣住了湿热这一病机。病人素体脾肾不足，水谷运化不利，湿热内生，蕴于中焦，上犯则鼻衄出血，下注于肠则便血，下扰精室则遗精。薛雪认为但说“肾虚，阴不配阳”未必上下皆病，恐不妥。缪希雍在《神农本草经疏·卷一》就提及“上盛下虚本于肾水真阴不足”，阴虚于下，阳无所附，发越上升，一派虚热之象，同时下元丹田不暖，肠中漉漉，饮食不化。这段论说十分精辟和切近实际。从用药来看：白术、茯苓、黄连主要是清除中焦的湿热，此为上下交病的源头；防风、地榆、槐花疏风清热，主要针对肠风便血之证；黄柏清泄相火，主治精室被湿热扰动之遗精。葛根在方中较为奇特，虽可升阳止泻，对于下焦出血较为适用，但是因有上部衄血，此类升提药的运用也要谨慎。好在与连、柏、地榆这类苦降之品相合，亦有升降相因之妙。另外葛根功用还在于升提脾气，杜绝下流之湿浊。此葛根似与麻黄升麻汤中的升麻用意相近。

案例 2

先粪后血为远血，临便先痛，恐有湿热凝阻，分利逐湿主之。

生於术、槐花（炒）、木瓜、茯苓、地榆、广皮。

本案证候表现较为单纯，乃湿热阻于中下二焦、气机不利之象。苓、术、陈皮健脾燥湿，槐花、地榆清泄下焦湿热，木瓜化湿和胃、味酸又可缓肝之急。

案例 3

目红黄脘胀，下血紫滞，里急后重。此夏秋湿热，与水谷互蒸，致气分窒塞，三焦不清，当薄味蔬食，不致酿痢。

白蔻、银花、桔梗、厚朴、木通、茵陈、槐花、广皮、茯苓皮。

本案从述证来看，显系热毒血痢，病情较重。脘胀、里急后重是肠腑气机不利的表现，所以用了较多的气分药，桔梗开达上焦，陈皮、厚朴、白蔻芳香化湿、疏达中焦。木通、茵陈、茯苓渗利水湿、泄热外出；银花清热解毒，为热毒血痢的要药；槐花清热凉血，为便血的常用药，《药品化义·卷二·血药·槐花》谓其“味苦，苦能直下，且味厚而沉，主清肠红下血，痔疮肿痛，脏毒淋沥，此凉血之功能独在大肠也”。

（三）滋阴降火法

滋阴降火法主要适用于阴虚火旺、迫血妄行的便血之证。本证既可以见于素体阴亏火旺的患者，亦可以是湿热蕴结日久伤及阴血，另外各种便血的患者下血日久，亦可见到阴血亏耗、虚火炽盛之候。本证下血多淋漓不绝、血量不大，血色或鲜红，或紫黯，伴见手足心热、两颧潮红、头晕目眩、腰酸耳鸣之证。薛雪的滋阴降火法比较灵活：对于湿热久羁伤及阴血的，一面养血滋阴、一面清泄湿热；下血日久，阴血耗伤者，以滋液养血为治；便血久拖不愈，诸药不效者，多从甘温益气摄血、佐以养阴；对于阴虚火旺、相火升腾者，多从益阴潜降、收敛固涩着眼，从阴引阳。以下结合具体病案分析。

案例 1

长夏痢症，皆因湿热，继而先泄气，后下血。盖变内风混处肠络，是为肠风。血去阴气日伤，为眩晕无力。主以甘酸化风，益阴节劳，可以不反。

熟地黄炭、当归身炭、地榆炭、柿饼炭、槐米炭、甘草（炙）。

本案湿热痢疾，病久伤及气阴。熟地、当归补血养阴，地榆、槐米清利大肠湿热，柿饼炭润燥宁络，凉血止血。全方基本使用了炭类药物。前人治疗血证常用炭类药物，根据五行生克规律，认为红属火，黑属水，水能克火，从而有“血遇黑则止”“烧灰诸黑药皆能止”之说。从证候表现来看，用药似益气之力稍逊。

案例 2

血奔肠红，都是阴液走泄，阳浮发泄易汗，背寒心热，脏阴腑阳交损，形体日渐消瘦，皆衰老液枯之象。

鲜生地、阿胶、茯神、火麻仁、柏子仁、天冬。

本案应是便血日久，阴液耗伤之证。阴伤液枯，肌体失养，故而消瘦；阴不敛阳，阳气走泄，则见汗出频频，又加重了阴损；阴损及阳，腹为阴、背为阳，阴虚则热、阳虚则寒，故可见背寒心热。从方中用药推测，恐有心血亏耗、心神失养之证。治当养阴滋液。鲜生地、天冬滋阴降火，阿胶补血止血，麻仁、柏仁养阴润燥，柏子仁与茯神相合又可安神定志。

案例 3

阴络伤，则血内溢，久药鲜当，以甘药投之。

人参、生地黄、升麻、槐米、血余、龟板。

又方：人参、桂圆肉、白芍（炒）、白糯米、赤石脂、炙草炭。

本案述证不详，但“久药鲜当”4个字道出治疗时间之长、治疗颇为棘手的情形。此时只能，以甘药建立中气，取气旺以生血、气充以摄血之义。一方，以人参大补中洲，升麻升提脾气，生地养阴清热，龟板育阴潜阳，槐米清热凉血，血余炭收敛止血。方药配伍较为严密，但是因已是久病，脾气虚弱自不待言，对于生地、龟板这类滋腻之品，多难运化。所以二方将这些滋腻厚味去掉，改投以桂圆、糯米这些较为平和之品，意在久服见功。白芍养阴敛阳、赤石脂亦是收敛固涩之用。

案例 4

肠红既止，便泻三年，火升则能食，热坠必妨食。此皆阴气走泄，阳不依附，当从阴引阳。

赤石脂、琐阳、五味子、熟地黄（水煮后砂仁末拌炒）、禹余粮、远志，蒸饼为丸。

此案便泻三年，亦是久病，已现阴阳相互格拒之势。此时一面以熟地养阴补血以敛阳，一面以锁阳温阳固托，佐以远志交通心肾、畅达上下水火。赤石脂禹余粮丸亦是《伤寒论》中治疗下焦失于固摄之久利的方药，辅以五味子涩肠止泻。方中熟地以水煮，意在减其滋腻厚味，并以砂仁拌炒助运防其碍胃滞脾，此炮制方法显然是针对久病脾胃虚弱之体，此细微之处不可不察。方药的剂型设为蒸饼为丸，意在久服、食服，缓缓见功。

（四）温阳益气法

脾主运化水谷精微及统摄血液。由于素体脾胃虚弱，久病体虚，或因劳倦，饮食不节损伤脾胃，以致脾气虚衰，失于统摄，气不摄血，血无所归，离于脉道，溢入肠道而成便血。若脾胃亏损较甚，或由气损及阳，则不仅脾胃气虚，而且阳气虚弱，以致成为脾胃虚寒、统摄无权的便血。对于此类阳虚失血，薛雪一般使用附子理中丸、黄土汤加减组方治疗。

案例 1

脉沉迟，下利血水，神呆不欲食，四肢冷，前已完谷，与温理其阳。

人参、附子、茯苓、干姜（炒黄）、生白芍。

本案述证较为清晰：脉沉迟乃阳气虚弱，失于鼓动；纳呆不食、下利完谷为脾肾阳虚，失于运化；四肢冷乃阳气失于温煦。一派虚寒之象，此下利血水当属脾阳亏虚，失于固摄，所以温理其阳是为正治。人参在方中大补元气、益气摄血，附子、干姜是四逆汤中主要药物，回阳救逆，温阳固摄，干姜炒黄，其义类于炮姜。茯苓健脾助运，又可渗利水湿。生白芍在方中比较独特，在一派温阳益气，性质较为刚燥的药物中间，白芍益阴潜阳，性质较为阴柔，与前几味药成刚柔相济之势，另外白芍味酸，有一定的敛阴作用，亦可用于血证。

案例 2

脉两关弦虚，先血后粪，两月未已。当年原有病根，遇劳而发属虚，仿仲景黄土汤。

黄土汤加白术（炒焦），四剂后加人参一钱。

本案脉象两关弦虚，似是肝旺脾虚之象。血证遇劳而发，当属气不摄血。以温阳健脾、养血止血的黄土汤当为正治。该方出自《金匮要略》“惊悸吐衄下血胸满瘀血病脉证治篇”，由甘草、干地黄、白术、附子（炮）、阿胶、黄芩、灶中黄土组成。方中灶心黄土温中止血为君；白术、附子温脾阳而补中气，助君药以复统摄之权为臣；出血量多，阴血亏耗，而辛温之术、附又易耗血动血，故用生地、阿胶滋阴养血，黄芩清热止血为佐；甘草调药和中为使。诸药配合，寒热并用，标本兼治，刚柔相济，温阳而不伤阴，滋阴而不碍阳。原方中有白术，但未注明炮制，恐为生用，所以这里又特地加用炒焦白术，加强健脾止泻之功。二诊后加用人参，益气摄血之力更著。

案例 3

酒客便溏肠红，是内伤之湿，戒饮酒既愈。夏天湿胜气泄病发，自述食腥油，大便即频。宗损庵劫胃水法。

生白术、熟附子、生白粳米、炮黑姜。

本案较为特殊，患者是酒客，腹泻便血多在夏季湿热的气候里，由饮酒诱发，戒酒后可以痊愈。绎其病机，则为脾阳素虚，健运失职，复为酒食所伤，湿聚阳微，脾失所统。“劫胃水法”在叶天士《临证指南医案》及《叶案存真》中多次提及，谓其法出自罗天益。如《临证指南医案》便血门沈案有云：“谦甫治此症，立法以平胃散作主，加桂、附、干姜、归、芍，重加地榆以收下湿，用之神效，即此意也。”但是，薛氏却言宗损庵，也就是王肯堂，叶薛的门户之见，由此亦可见一斑。为何称作“劫胃水法”？大约是因为病由湿起，而患此证者多由口腹不节、多饮酒或过食厚味生冷诱发的缘故。所以本法在温阳的同时，更重视健脾利湿，与案2相比，本案用生白术，意在运脾利湿。但是药物力量略逊，叶氏的经验亦可借鉴使用。

七、便秘

便秘指以人便秘结不通为主症的病证。临床上以排便间隔时间延长，或虽不延长而排便困难为特征。《内经》中已有“后不利”“大便难”等记载，如《素问·举痛论》提及本病发生缘于“热气留于小肠”。《伤寒论》中的多条条文涉及了便秘的证治，如麻子仁丸、三承气汤等方剂至今亦沿用不衰，并且该书还创立了蜜煎导、猪胆汁导等外治法。宋代朱肱在《类证活人书》中提出了“大便秘”的概念。严用和在《济生方》将本证分成风秘、气秘、湿秘、寒秘、热秘五类，称为“五秘”，便秘的辨治方法日趋丰富。金元诸家从不同角度丰富了本病的病机与治法理论，如刘完素倡热耗气液、《丹溪心法》则主燥结血少、张子和更是善用下法的名家。明清以后，该病的治疗理论渐趋系统，如《景岳全书》中提出的“阴结”“阳结”之分，程国彭《医学心悟》中的实闭、虚闭、热闭、冷闭之辨等等。清代沈金鳌《杂病源流犀烛》中比较明确提出"便秘"的名称，从因机证治几个方面揭示了本病的源流发展。纵观薛案，其治法中一方面谨守润燥通便、温下寒结等前人的章法，同时基于其对湿的病因病机理论的高度关注，亦从湿热、寒湿两个角度阐发"湿结"的辨治，这是他医案中对本病证治的独到之处。以下结合其医案分述之。

（一）燥结

燥结，多因恣食辛辣煎烤之品，或进食水果蔬菜过少，或饮水不足，以致胃肠积热，津液耗伤，燥热内结于肠道，肠道失于津液的濡润，使粪便滞留大肠而成便秘。临证可见大便干结，状如羊屎，甚至粪块坚硬如石。如津伤为主，可见口干少津、舌红少苔、脉细数等证；如热盛较著，可见腹胀满、按之痛、口干或口臭、舌苔黄燥、脉滑实等证。治疗上，津伤为主当养阴生津、润燥通便，热盛为主当清热通腑、泻下存阴。

案例 1

气分上热，吸烁津液，能令便艰，当滋养营液，其心痛必安。

柏仁、茯神、鲜生地、天冬、阿胶、桃仁（炒）。

本案已经清楚地指出病机"气分上热，吸烁津液"，津液为热邪耗伤，肠道失于濡润，遂现便艰之证。肠道腑气不畅，则胃痛不适，案中心痛之心当是心下。治疗上当视热盛与津伤的轻重缓急，酌情变通。从本案的用药来看，偏于生津养液。柏子仁、桃仁虽不是润肠通便的主药，但均是果实类药物，富含油脂，利于养液润燥。生地、天冬均是甘寒之品，善能养阴清热，生地鲜用，富含水分，润燥作用尤著。阿胶乃养血润燥之上品，茯神健脾气、安心神，意在图本。诸药合用，津液得复、燥屎得下、腑气得通，故而心痛必安。

案例 2

平昔嗜酒，肺胃积热，阴液下枯，阳津变痰，鼻塞多呛，减食无味，旬日更衣，粪如羊屎，老人关格，治之极难，况酒客不喜黏腻甘柔。形脉症象，不受温热，议以铁瓮申先生琼玉减蜜方法。

鲜生地、人参，水一盏煎至四分，临服加入沉香末、琥珀末。

本案于病因、病机演变及临床表现叙述得较为清楚，由于嗜酒，于是有了肺胃积热、阴液下枯的病机变化，才会导致旬日更衣、粪如羊屎的临床表现。由于本证是出现在关格病的过程中，所以治疗上较为棘手。薛雪没有明确解释关格的含义，从其述案和用药来看，他对关格的理解并不像今天《中医内科学》所论。基本上沿用了《医贯·卷五·先天要论·噎膈论》中“关者，下不得出也，格者，上不得入也”这种较为笼统的认识，不得出既有大便不通、又有小便不通，不得入主要是呕逆诸证。基于这种对关格病和病人体质的认识，薛雪用药颇费思量。酒客不喜黏腻甘柔，可是不用甘柔何以生津润燥，而且刻下病人“不受温热”，所以有了阴柔的生地与刚劲的人参相伍，可谓刚柔相济、动静相宜、寒热相合，人参亦有补气生津之功。去掉原方中黏腻的白蜜，虑其甘柔碍胃助湿。沉香末意在降逆止呕，琥珀末功在通淋利水，是为治标之药。面对如此复杂严重的病情，薛雪选药精当、富于针对性，组方严密，丝丝入扣。在煎服法上：汤剂浓煎，以防呕逆拒药，标药用散剂，效力更专，可谓用心良苦。

（二）阴结

阴结，乃因脾肾阳虚，命门火衰，浊阴凝聚，阳气不运，津液不行，故大便秘结。如冰封河道，舟车不行。多有面色㿠白、少腹冷痛、畏寒肢冷等脾肾阳虚之征。治疗上多要温补脾肾、宣通阳气，佐以润肠通便。如日暖河开，冰融水流，舟船自行。

案例 1

高年阴结。

半硫丸三钱，分两次，人参一钱，煎汤送下。

案例 2

清阳不主转旋，强纳不运吐出，是不化之形，肠汁干涸，腑阳不得传导，便难艰涩。古称关格，为阴枯阳结，药难奏效，或以半硫丸宣浊通腑，仿戴元礼诸热药皆固秘，惟硫黄滑而不秘。

半硫丸。

这两则医案不仅提出阴结的病名，同时将其病机演变亦阐述地比较清楚，主要矛盾在于清阳不运，津液不行，故上不得入、下不得出，便秘只是关格病的一个临床表现。虽然病机很清楚，由于关格病情的严重性，用一般的宣阳、温阳之剂难以凑效，所以薛雪提出或以半硫丸一试。《太平惠民和剂局方·卷之六·治泻痢附秘涩》篇中提出，半硫丸“除积冷，暖元脏，温脾胃，进饮食。治心腹一切痃癖冷气，及年高风秘、冷秘或泄泻等，并皆治之”。该方以半夏和降胃气而止呕，硫磺性热而滑，能温阳通便，虽然药味简单，却也切中病机与病情，可谓方小效宏、甚者独行。案 1 中配合人参煎汤送服，更添益气生津之力。

（三）湿结

湿结，是薛雪便秘案中的一个类型。湿结的发生多因阳气虚弱不升或郁滞不展，阳不化湿，气化不力，致使肠中饮食酿生湿热。湿热之邪阻滞气机、耗伤津血，遂成便秘之证。同时，湿邪亦可进一步损及阳气，造成恶性循环，加重病情。湿热之邪蕴于肠腑，多见泄泻、痢疾等病证，这是湿邪偏盛为主要致病矛盾所致。而湿结则是以湿热之邪阻滞气机、耗伤津液为主要致病矛盾。于此，也反映了中医病因病机理论中的常变观，泄泻、痢疾是常，而便秘则是变。对于湿结的治疗，薛氏基本是从湿热与寒湿两方面辨治的，湿热便秘倡“辛苦寒专理气分之滞”，寒湿便秘则主温阳化湿，佐以泻下通腑。

案例 1

肠痹治肺，丹溪方信不谬，但酒客久蕴湿热，亦有湿结便秘一症，当以辛苦寒专理气分之滞。

真茅术、制半夏、冬葵子、生石膏、山栀仁、晚蚕沙，临服磨入大槟榔汁二匙。

案例 2

自云䐜胀，左胁痛势休息，大便日下黏浊，临便自觉冷痛。凡五脏锢结为胀，六腑浊痹为聚，数年久病，难以廓清。议温下法。

大黄、草果、青皮、附子、厚朴、陈皮。

案 1 病起于嗜酒，湿热久稽胃肠，肠腑气机不畅、津液耗损而成湿结便秘，薛雪简明扼要地提出“辛苦寒专理气分之滞”的治法。辛则能行、能散，苦则能下、能燥，寒则能清热存阴，恰好切中气滞湿结而有热的病机。从选药来看，茅术、半夏乃辛苦温燥之品，为燥湿化痰的必用之品。由于湿蕴化热，故又配伍三味清热药：冬葵子甘寒滑利，滑肠而又利水，润燥而不助湿；石膏为清泻阳明气分的主药；山栀，《丹溪心法·卷一·火》谓其“大能降火，从小便泄去，其性能屈曲下降”，对于久伏肠间之热，颇为适合。这三味药既可清除胃肠湿热，又能制约术、夏之温燥。蚕砂甘温，亦是化湿佳品，其后的吴鞠通、王孟英书中亦多有运用。槟榔，辛苦而寒，为破气、攻下的猛将，磨汁服用，亦仿“四磨汤”，取其“磨则味全”之意。诸药相伍，湿化、热清、气行，对于湿结便秘颇为合拍。

案 2 从所叙述的临床表现来看，不是严格意义上的便秘之证，但是寒湿结聚肠腑的病机是确定无疑的。清气在下，则为䐜胀，䐜胀缘于湿浊中阻、脾胃气机逆乱、升降失常而致；大便黏浊为肠腑湿结之候；冷痛当为寒邪结聚之象。此时用温下之法似属不二之选，但也应谨慎，病程日久，寒邪结聚，亦多有阳气的耗伤，往往是虚实夹杂的情况。冒然攻下，恐有虚虚实实之弊，窃以为此证以半夏泻心汤出入，亦不失规矩。当然温下一法本身也蕴含有攻补兼施的意义，薛雪的温下法和常用的《千金》温脾汤、大黄附子汤亦有不同。此二方针对的病机是寒（冷）积便秘，而薛雪处方立意则针对寒湿结聚，故在大黄、附子的配伍之外，又有草果、厚朴等化湿行气之品，温阳化湿、佐以攻下，此细微之处，不可不察。

八、痞满

痞满，是消化系统疾病中十分常见的一个症状，指胸膈、胃脘处满闷不通，触之饱满，但无形、不痛。早在《内经》中就已经记述了该病证或症状，如《素问・五常政大论》就提到“备化之纪，气协天休……其病否”“卑监之纪，是谓减化……其病留满否塞”。这里尚无“痞”字，借用了《易・象》“否……则是天地不交，而万物不通也”之卦象，类比人身因中焦气机不通，致使清气不升、浊气不降的病理状态。在《伤寒论》中更多地将“痞”作为一个病证来讨论其证治，开创了中医学痞满证治理论的先河。其后《诸病源候论・诸痞候》虽有八痞之论，但病机不外营卫不和、阴阳隔绝、血气壅塞、不得宣通。唐宋诸方书虽洋洋洒洒，但不外调养脾胃与行气导滞兼施，元素的枳术丸、东垣的枳实消痞丸亦未越仲景之藩篱。至《丹溪心法》始对之前的治疗经验进行了理论整合与升提，《丹溪心法・卷三・痞》云“痞者与否同，不通泰也”，不仅道出痞证命名的由来，而且在象思维的影响下归结了痞证的脏腑病机，“脾气不和，中央痞塞，皆土邪之所为也”。尤其他反对一见痞满便滥用利药攻下，不知中气重伤，脾失运化，痞满更甚。这些认识对后世的影响很大。其后医家所论最为明晰者当推张景岳。《景岳全书・卷二十三・杂证谟・痞满》对痞与满做了程度上的区分，并提出了虚实之辨。他指出：“凡有邪有滞而痞者，实痞也；无邪无滞而痞者，虚痞也。有胀、有痛而满者，实满也；无胀无痛而满者，虚满也。实痞、实满者可散可消，虚痞、虚满者，非大加温补不可。”

薛雪治疗痞满的这部分医案，并不像明清有些医家专注于厘清痞证之满、胀、痛的不同，多是痞胀、痞满并提，笔者认为这是符合临床实际的。他的关注点在于洞察阳气消长与湿滞中焦之间的关系，并基于此灵活地调整益气、扶阳、温中与分利水湿、芳香化湿等两大类治法的比例。笔者在此为了论述方便，比较机械地将其归纳为几个治法，其实薛氏的运用可谓“活泼泼地如盘走珠”，多是在几种法度之间进退，并不好截然分开，这一点也正反映了中医辨证论治的特色与特点。从这些医案中还能发现，薛氏著《湿热论》绝非坐而论道，是建立在长期诊治湿邪、湿热之邪致病的实践基础上的。正是在诊治这类疾病过程中，积累了丰富的经验，才有可能在《湿热论》中对湿邪致病的感邪、发病、传变、诊治等一系列问题有详细的理论论述。

（一）分消湿滞法

分消湿滞一法，主要针对湿滞脾胃证。证见食欲不振，纳后腹胀，腹胀自心下延及两胁，嗳气频频，得嗳气腹胀略缓，大便黏腻不畅，多伴有眠差、溲黄，舌苔白腻或罩黄。常见于长夏季节或素喜酒食者。从症状表现来分析，是湿邪困遏脾阳，气机不展所致。脾虚生湿，而湿困脾气，脾虚与湿滞是难以割裂的一对矛盾，关键是判明脾虚与湿滞孰为矛盾的主导，从而采用有针对性的治法。对于湿滞脾胃证而言，湿滞是矛盾的主导方面，所以分消湿滞是关键。所谓分消，主要是分别给三焦湿邪以出路，多是以芳香化湿、淡渗水湿之品为主要药物，配合清热利湿、行气燥湿等药物来组方。由于脾虚尚不是矛盾的主导方面，所以健脾益气之品一般暂不使用。

对于湿邪的三焦分消之法，薛氏在《湿热论》中明训：“湿多热少，则蒙上流下，当三焦分治。”其三焦分治之法亦有常有变。湿蒙上焦，需分虚实。若属湿热病初起，浊邪蒙闭上焦，此为实。薛氏以涌泄之法，循《内经》“因其高者，因而越之”之旨，涌泄祛邪，邪从吐散。若病后，余邪蒙闭上焦，此为虚，多以藿香叶、薄荷叶、鲜稻叶、鲜荷叶等轻清之品，宣阳除湿。湿伏中焦亦有轻重之别：轻者治用藿香、佩兰、蔻仁、石菖蒲以芳化，郁金、厚朴、六一散等以疏利，伏湿得解；若湿邪极盛于肠胃之证，重用辛开之厚朴、半夏、干菖蒲、草果等，使气机得行，湿邪得化。湿热下流，滞于膀胱，用滑石、猪苓、茯苓、泽泻、萆薢、通草等渗利清热是常法；而加杏仁、桔梗以开上，源清则流洁，则是变法。但是在实际应用中，薛氏多是将三焦分治之法配合使用，姑从以下医案中详细分析。

案例 1

酒客湿胜热郁，胀闷嗳气无寐，得茶愈胀。先与三焦分消。

白蔻仁、杏仁、紫厚朴、茯苓皮、绵茵陈、金石斛、半夏。

案例 2

不饥少寐，二便不爽，经脉中牵掣。非风寒从表，乃长夏水土之湿，与水谷之湿，互蒸气阻，三焦不通，中年两月不愈，恐延格胀之累。

白蔻仁、杏仁、厚朴、广皮、苓皮、茵陈、防己。

案例 3

夏秋湿胜滞脾，食物不为运行，阳不流行，湿滞久而壅热。此中气更困，以和胃健脾，分利水道逐湿。

生白术、草果仁、木通、茵陈、泽泻、厚朴、茯苓皮、新会皮。

案例 4

食入不化，腹胀便泻不爽，长夏湿着脾胃，荤酒不忌，气分郁滞。据述嗔怒致此，未必皆然。

茵陈、草果、木通、大腹皮、滑石（飞）、厚朴、茯苓皮、广皮。

这四则医案，是薛雪使用分消湿滞之法治疗中焦湿热证的代表性医案。其中前两则和后两则各是一个套路，两两对比，更能同中见异。这四则医案，共有的药物是厚朴、陈皮、茯苓皮、茵陈，可见这是薛雪清利湿热常用的配伍。这4味药，茵陈这是清热利湿退黄的佳品，质轻而寒性不甚，茯苓皮亦是甘淡性平，偏于渗利水湿，这两味药共同点是利湿退热而不伤阳气，笔者认为这是治疗湿热类疾病很关键的一环。厚朴和陈皮均偏温燥，似与湿热病证不合，但是笔者认为这亦是薛氏治疗湿热证独具匠心的配伍。湿邪终属阴邪，得温始化，尽管此时与热邪纠结一处，亦应在清热的同时，辅以温燥之品，相伍而行。否则一味清热利湿，阳气受损，湿邪终不得化。当然对这两类药的运用时机与轻重全在医者掌握。除了这4味药，在前两案中共有的药物就是杏仁、白蔻仁，宣上畅中，辅以前面的渗下之品，吴鞠通的三仁汤于此已见雏形。案1中半夏主要针对嗳气上逆诸证，而石斛是吴中温病派医家惯用之品，恽铁樵曾讥为“魔道之药”。利湿与养阴看似矛盾，当然也并非不能同施一处，至于是否可以应用石斛这类较为滋腻的养阴药，是否可以以一些味薄之品替代之，还需医者临证仔细体会。案2用了防己，主要针对湿热内侵经脉，“经脉中牵掣”之证。防己本是清热利湿、止痹痛的一味佳品，但由于药源植物复杂，且有的属于马兜铃科植物，肾毒性较大，大大影响了该药的使用。后两案中，除4味共有药物外，同用了木通和草果，亦是一渗利下焦、一温化中焦，一寒一热。案3基于“中气更困”，投以生白术运脾化湿；而案4则针对“腹胀”“气分郁滞”，以大腹皮行气宽中。

（二）苦温燥湿法

苦温燥湿一法，主要是选用味辛、苦、性温的一类药物，亦是针对脾胃湿滞证而设的治法。辛、苦之味多偏燥烈，而性温之品又能温燥，所以本法立意比较单纯，就是以燥胜湿，主要用于水湿困脾胃，以脘腹胀满、口淡食少、腹泻便溏、小便短少、舌苔白厚而腻为主要表现。本法最为代表性的方剂就是平胃散。方中苍术苦辛温燥，最善燥湿运脾，故重用为君。

厚朴苦温芳香，行气散满，助苍术除湿运脾，是为臣。陈皮理气化滞，合厚朴以复脾胃之升降；甘草、姜、枣调补脾胃，和中气以助运化，都是佐使。诸药相配，共奏燥湿运脾，行气和胃之功。后世在此方的基础上加味衍生出许多方剂，使其用途更为广泛，如香砂平胃散、陈平汤、柴平汤、胃苓汤等等。出自《太平惠民和剂局方》的不换金正气散，就是在平胃散基础上加上藿香、半夏而来。由于本法立意是以偏纠偏，药性之偏也是其药性之短，对于素体阳虚、痰湿内蕴者，使用中有一时矫枉过正，尚不足虑。但对于素体阴虚液亏之体，纵有湿饮停聚，应用本法也应小心谨慎，勿犯虚虚实实之戒。

案例 1

脉沉迟，食入腹胀便溏，平昔饮酒中伤，留湿阻气，小便不爽，用香砂平胃散。

香附、砂仁、制茅术、厚朴、广皮、甘草（炙），水泛丸。

案例 2

饥饱寒热用力，都伤营卫，内应脾胃，故痿黄无力，食入䐜胀溏泄。

平胃加黑川椒（炒）、草果。

案例 3

时病食复，至今不知饥饱，大便不爽，右胁之傍，虚里天枢，隐隐有形。此阳胃络经行之所，多嗳气，食不化，并不烦渴，已非攻下急骤实热之症。先用

丹溪小温中丸。

案例 4

寒暖饥饱失和，日晚腹中䐜胀，脾胃气钝，深秋最防泻利。

藿香、生智仁、厚朴、延胡索（炒）、茯苓皮、陈皮、大腹皮、楂肉（炒黑），又橘术丸。

案 1 是非常典型的脾胃湿滞证。病因是平昔饮酒，病机是留湿阻气，可谓描述得言简意赅。从临床表现来看，食入腹胀是典型的脾虚中满的表现。大便溏泄、小便不爽则是因湿邪内停，脾失转输，湿趋大肠。脉沉迟则是阳气不振的表现。治方是在平胃散的基础上加用香附、砂仁。香附、砂仁是常用药对组合，香砂六君子汤、香砂枳术丸皆有应用。香附乃气中血药，善于理气开郁，而砂仁是芳香化浊、行气化湿的佳品，二药配伍恰好应对病机中“留湿阻气”一语。案 2 中比较乃人寻味的是“都伤营卫，内应脾胃”一语。营卫出中焦，脾胃虚弱，营卫不充，很好理解，但是反之，伤及营卫，内应脾胃，则少有人论及。方中在平胃散的基础上，加用了川椒、草果。川椒为温中散寒之品，而草果亦是芳香化湿中偏于雄烈之品，《本草正义·卷五·草部·芳草类·草果》谓其“辛温燥烈，善除寒湿而温燥中宫，故为脾胃寒湿主药”。因本案中脉现沉迟，已有阳虚寒胜之象，故加重了方中温燥之力。案 3 是外感病，邪去正伤，中气虚弱，湿浊内停，且已有胁下痞硬的表现。这与《伤寒论》中半夏泻心汤所治之痞证，在发生、表现上都很类似。薛氏用了《丹溪心法》的小温中丸。该方由苍术、川芎、香附、神曲、针砂组成，比越鞠丸少了一味栀子，多了一味砂仁。仍是以芳香化湿、行气消导为主。如果湿郁化热，则应加入黄连、栀子辛开苦降，消痞散结。如果脾气已虚，则应加入党参、茯苓等健脾之品，不可一味消导，克伐正气。案 4 虽是自组方，但是其立法仍不越平胃散的组方旨意。以藿香代替原方中的苍术，厚朴、陈皮仍是原方主药，由于患者以膜胀为主，所以加用茯苓皮、大腹皮行气利湿。益智仁是薛氏治疗脾胃病惯用的药物，由于现在《中药学》将其归入收涩药中，所以大大限制该药的使用，其实是温肾暖脾的一味佳品。延胡索乃血中气药，恐气郁日久累及血分，以其气血双调。楂肉乃消食导滞佐药。全方法度严谨，用药多而不乱，各有所主，很好地体现了薛雪对该法的灵活运用。

（三）健脾化湿法

脾主运化水湿，所以脾虚与湿停就是一对不可分割的矛盾。脾虚生湿，湿停亦会困厄脾气，加重脾虚，造成恶性循环。所以健脾化湿应该是最为经典的治湿之法。但是在实践中，该法多不单纯使用，多是与其他诸法合并使用。因为湿邪内停，气机阻滞，此时本虚标实，如果仅以健脾益气固本，不仅脾湿不化，反致气壅不行。所以本法或是和芳香、行气、渗利诸法合用，收标本同治之功，或是在化湿消导之后，湿邪衰其大半，正气益亏，以该法善后收功。

案例 1

长斋数年，脾胃日弱，食进脘中少运，小溲入暮渐多，色萎黄，脉弦虚，皆中气不足。

香砂异功散，水泛为丸。

案例 2

痰滞下泄痛缓，腹胀喜按。此属虚痞，为劳伤无形之气。

川桂枝、川黄连、生白术、厚朴、广皮。

案例 3

阳微气不流畅，脘中痞满嗳气。

人参、半夏、白旋覆花、煨姜、丁代赭、茯苓、广皮、南枣肉。

案 1 明言中气不足，可见脾虚是当下矛盾的主要方面，但是亦有湿阻气机的情况。所以当在补中气同时佐以行气，选方是异功散。本方来源于《小儿药证直诀》，在四君子汤的基础上加陈皮，意在行气化滞，醒脾助运，有补而不滞的优点，主治脾胃气虚兼有气滞的病证。薛雪又在此基础上加用香附、砂仁，行气化湿之功更强。案 2 明言“此属虚痞，为劳伤无形之气”，可见脾虚尤重，但从选方用药来看，并不是独用健脾化湿，这就是前文提及与其他法度的合用。黄连、桂枝辛开苦降，有升有降，是《伤寒论》黄连汤的理法。厚朴、陈皮又是平胃散苦温燥湿的配伍。在化湿行气、破结消痞基础上，辅以白术健脾图本，且白术生用，运脾化湿为主，补中有动，不似炒白术呆滞，选药颇具匠心。案 3 言“阳微气不流畅”，一个“微”字，正气亏虚，自不待言，其治疗是仿仲景旋覆代赭汤之治。该方原是用于治疗“伤寒发汗，若吐若下解后，心下痞硬，噫气不除”之证。缘于汗吐下之后，胃气受损，痰湿内阻。所以该方在旋覆花、代赭石、半夏、生姜这一派降逆化痰止呕之品之中，又有人参、大枣、甘草扶中健脾。观薛氏组方基本也是宗法仲景的思想，将人参写在第一味，其扶中益气之意显而易见。

（四）通阳化湿法

痞证病机本为阳气为湿邪困厄，如果说分消湿滞法、苦温燥湿法着眼于祛除湿邪，健脾化湿重在标本同治，通阳化湿法与其后的温阳燠土法则偏于顾本以图标。湿为阴邪，终赖阳气温化，通阳化湿法多是用温通阳气的药物，达到气行湿行、气化湿化的目的。这也与仲景“病痰饮者当以温药和之”的大法相合。与温阳燠土不同之处在于，本法温中有通，而不像后者偏于温里、守而不走。所以选药多是以桂枝、薤白等通阳散结、走而不守之品为主，以收“大气一转，其气乃散”之功。

案例 1

客游劳顿，阳气先伤，夏季湿邪，是阴郁遏身中之气。经旨谓阳邪外寒，胸中清阳不旋。不饥痞闷，先治其痞，仿仲景薤白汤。

桂枝、薤白、生姜、茯苓、半夏。

案例 2

阳气不旋，不饥强食。

薤白、茯苓、橘红皮、半夏、白酒。

纵观这两案，从“清阳不旋”“阳气不旋”这几个短句可以看出，共同点都是阳气困顿，阳不化湿、阳为湿困，所以温通阳气、通阳化湿就成为当务之急。桂枝、薤白的配伍，本是仲景用于治疗胸痹的法度。原是因胸中阳气不足，阴邪上乘阳位而成。薛雪因其病机相似，巧妙地借鉴这一配伍，用于脘痞的治疗。案 1 中既有瓜蒌薤白半夏汤中薤白、半夏配伍，又有枳实薤白桂枝汤中薤白、桂枝的配伍。案 2 主要是枳实薤白桂枝汤中薤白、桂枝的配伍。原方中瓜蒌主要是宽胸利气散结，因与脘痞不涉，故没有使用。枳实恐畏其性寒，所以也未使用。

（五）温中醒阳法

温中醒阳一法针对的病证，多是脾气虚日益严重，累及脾阳，单纯补脾气已经不能解决，必须通过温补脾阳、暖土燠湿的办法来达到治疗目的，如果说前法针对的病证，阳气亏虚尚不严重，主要是运行不畅，而本法针对的病症，阳虚的程度则较之严重。所以薛雪多以理中丸为主方，同时参以温通阳气的桂枝等，亦是取离照当空、阴霾自散之意。

案例 1

脉左小涩右弦，六旬有六，阳微肢冷，脘痞不易运化，大便三四日一更衣，初结后溏。此太阴脾阳受困，当用温中醒阳。

理中加桂汤。

案例 2

食入恶心痞胀，先曾腹痛泻下，外因口鼻受邪，宜正气平胃辛香，久则脾胃阳伤。温中宜佐宣通，可使病愈。

附子、广皮、茯苓、草果、厚朴、木香（煨）。

案例 3

脾胃不和，食后不化，晡暮阳不用事，纳食痞胀不寐。病起夏秋，必因时令之湿，久延半年未痊，又虑阳微浊凝为胀满，故厚味须忌。

生於术、益智（煨）、泽泻（炒）、茯苓、煨姜、新会皮。

案 1 是脾阳不振无疑，但是和一般的脾阳虚，表现为大便溏泄不一样，本案则是以脾阳虚弱、运化无力为主，以脘腹痞满、大便困难、初硬后溏为辨证要点。薛氏以理中丸加桂枝，温中佐以宣通。理中丸功擅温中祛寒、补气健脾，是针对中焦虚寒证的名方。案 2 是中焦湿滞、外感风寒，本应使用正气散、平胃散之类除湿散寒之剂，但是治疗不当，拖延日久，累及脾阳亏虚。所以案中之方实是在燥湿行气的基础上加用补火助阳的附子。案 3 对病机的描述，颇能体现薛氏天人相应的思想。首先是“晡暮阳不用事”，午后阳气渐弱，所以痞胀诸证加重。其次是“病起夏秋，必因时令之湿”，夏秋之际正是长夏季节，湿气主令，脾虚之体在此季节更易为湿困。“阳微浊凝”精炼地概括了阳不化湿、湿阻气机的病机。方中补气运脾的生白术与补肾暖土的益智仁的配伍，是薛雪较喜用的。同时加用煨姜温中补虚，佐以茯苓、泽泻利水渗湿，陈皮燥湿行气，配伍较为全面，选药精当。

九、脘胁腹中诸痛

脘胁腹中诸痛，包括了当代《中医内科学》胃痛、腹痛、胁痛三个疾病，这三个疾病虽然有各自的独立性和历史沿革，但由于它们本身是症状表现，在很多情况下，往往合并出现，相互影响。所以《扫叶庄医案》将其合并讨论是有一定道理的。笔者也曾试图将三者分别剥离开来，各自讨论，但是发现有些医案很难剥离，而且剥离之后，反而将其辨证论治中的整体观念打破了。从某种程度上讲，可能在薛雪的认识中，这种分别本身就不严格。所以笔者在做这部分研究工作时，尽量保持薛氏医案编排的原貌，从整体、宏观的角度，阐发薛氏的辨治思路。

纵观薛雪这部分医案，数量最大的是对肝胃不和证的治疗，此证中胃痛、胁痛往往合并出现。薛氏对其治法中有疏肝、泻肝、抑肝、柔肝之不同，颇有特色。其次是关于胃病治络的部分医案，这部分医案数量不多，基本是延袭叶天士关于络病的学术思想。第三部分是一些气病日久，病及血分的医案。第四部分医案包括其他少见的一些证候类型，如中阳虚损、寒邪客胃等等。

（一）肝胃不和与肝脾不调

肝与脾胃的关系问题，《内经》中已有涉及。如《素问·经脉别论》言“食气入胃，散精于肝，淫气于筋”，表明了肝对于布散脾胃所化生的水谷精微的重要性。《素问·生气通天论》中“味过于酸，肝气以津，脾气乃绝”则从饮食五味偏盛的角度，诠释了肝气过盛、木克脾土的病机。当然最重要的是，《内经》以五行理论来构架中医五脏理论，五行生克规律也顺理成章地成为解释脏腑之间关系的工具，这为后世这一问题的发挥奠定了基础。《金匮要略》中“见肝之病，知肝传脾，当先实脾”一语开启了临床实践中对肝脾关系的重视。其后的医家在此问题关注较多的当属李东垣与叶天士。李东垣非常重视立足五行理论探讨脾胃与其他四脏的关系，他将肝木妄行、克伐脾土的病机称为肝之脾胃病，提出“当于本经药中加风药以泻之”的治法。其所用羌、防、升、柴之品与后世疏肝理气药有很大差异，是基于其脾胃学术思想，意在升提郁于土中的木气，对此薛雪颇有见地地指出：“一则风药能胜湿，一则风药能疏肝也。”叶天士不仅在《临证指南医案》中专设“木乘土”一篇，内容十分详细，而且在其他疾病辨治中也很注重肝脾、肝胃之间的关系。叶、薛同处一时一地，其学术思想也是相互影响的，所以在这方面也有相当数量的医案，值得进一步总结分析。

肝与脾胃之间的关系，基于五行理论可以概括为木行与土行的关系。正常情况是木克土的关系，如一行偏亢，则会出现木乘土与土侮木的情况。木乘土，又有因木行偏亢与土行不足而导致之不同，前者为木旺克土，后者为土虚木贼；土侮木则为土壅木郁、木不疏土。脾胃虽同属土行，但一阴一阳、一润一燥、一升一降，所以肝脾失调与肝胃不和的表现也各有特点。肝脾不调多现气机的郁滞，脾气不升，肝气郁滞；而肝胃不和则多现气机的逆乱，肝气横逆，胃气不降。在治疗上：肝脾不和多以疏木培土为法，视肝郁与脾虚之轻重不同，疏木与培土亦有侧重；肝胃不和多以泻肝和胃为法，泻肝主要是清泻肝火，亦有以重镇之品潜降肝逆，和胃则主要是采用行气降逆之品。

案例 1

吞酸欲呕吐，喜静恶动，从郁怒气逆，病在肝胃。此一脏一腑病，和阳解郁。

牡丹皮、黑山栀、钩藤、郁金、半夏、茯苓、金石斛、广皮。

案例 2

老人脉右弦左涩，因慎怒，致呕吐䐜胀不纳物。此肝木犯胃，涌逆不已，必致浊阻上下不通，老年复虑关格。

开口吴茱萸、姜汁炖南枣肉捣丸，服六七分，日三服。

以上两案是比较常见的肝气犯胃的证候。肝气犯胃既有肝气郁久化热、肝热犯胃以及肝气挟胃中寒浊上犯两类。案 1 是典型的肝热犯胃，病因其于郁怒，吞酸欲呕是肝热犯胃的典型症状。薛雪以丹皮、栀子清泄肝火，以钩藤平肝降逆，郁金疏肝解郁，三法为治肝之用。半夏、陈皮、茯苓基本是二陈汤的主干，和胃化痰，降逆止呕；石斛乃养阴益胃的佳品，防肝火犯胃伤阴而设。此二法为治胃而设。全方立法严谨，选药精当。案 2 从用药来推测是肝气挟胃中寒浊上逆。病人中阳素弱，寒浊内停，郁怒引动肝气，肝气上犯，引胃中寒浊上逆而吐。其呕吐的特点是干呕吐涎沫，《伤寒论》中“干呕吐涎沫，头痛者，吴茱萸汤主之”说的便是这种情况。薛氏基本选用了吴茱萸汤中的主要药物，因患者腹胀较重，气郁气逆为甚，所以暂未用人参扶中气。以姜汁炖南枣，存姜之降逆止呕之用，又有枣之和胃护中之体，一药两用。吴萸，《神农本草经》谓其“主温中下气”，本品妙在温而不升，是治疗本证的首选。

案例 3

连朝阴晦，阳气郁勃，食入运行失司，气滞为痛，性更躁动，木来乘土，况有血症，辛燥动络非宜，主两和肝胃。

生白芍、延胡索、神曲、枳实（炒）、广皮、山楂（炒）。

案例 4

劳怒脘痛，是肝木乘土，屡经发作，脘聚瘀痰，上涌下泄，瘀去始缓，但痛发徒补则壅。议冬月用通补方，胃属腑，腑通为补。

制半夏、广皮、桂木、茯苓、生於术、石菖蒲、牛肉胶为丸。

案例 5

述小腹之右，入暮有形如梗，按之而痛。此为疝瘕肝病，乃浊阴凝聚，必犯胃气。大半夏汤有去痰扶胃之功，必加泄浊和肝，勿令致胀满。

人参、茯苓、小茴香（炒）、青木香、半夏、橘核（炒）、川楝子。

如果说前两案是常法，这几案则是变法。案 3 是肝气因时令而郁滞，郁久化热，肝气犯胃，故而胃痛；火热灼伤胃络，可见血症。此时虚实夹杂，不宜用寒凉直折胃热，亦不可过用辛苦温燥之品耗气伤阴。薛雪用药亦很谨慎，白芍生用，能敛阴而平肝阳，但阴柔之品又有碍阳之弊，所以配以行气止痛的延胡索，又可活血，防止出血后留瘀为患。神曲、炒枳实、广皮、炒山楂主要是行气导滞、消食化积，使胃气和降，土气不壅，木郁亦缓。案 4 当是土虚木乘。平素脾虚不运，痰湿内停，怒伤肝气，肝气横逆胃腑，升降失常，痰湿随气机上逆、下泄。本案脾胃素弱为本，痰湿内停为标，而肝气克伐是诱因。本当健脾扶中为主，但薛雪言“痛发徒补则壅”，这与案 2 中吴茱萸汤不用人参是一个道理，可见薛雪临证之老练。薛雪仍以二陈为主，意在燥湿化痰，合桂枝温阳化气、白术健脾燥湿，苓、桂、术也是仲景化气行水的基本组合。菖蒲是化湿开胃、开窍豁痰的佳品。牛肉胶，丹溪谓之霞天膏，《韩氏医通》有详细的制作方法。味甘，温，无毒。功擅补气益血，健脾安中，尤擅治痰。丹溪治痰的倒仓法就与此有关。《神农本草经疏·卷三十·兽部·霞天膏》谓："痰之所生，总由于脾胃虚，不能运化所致。惟用霞天膏以治诸痰症者，盖肉者胃之味也，以脾胃所主之物，治脾胃所生之病，故能由肠胃而渗透肌肤毛窍，搜剔一切留结也。"案中"冬月用通补方，胃属腑，腑通为补"一语当为图本之长久之计。本案治疗中标本缓急、层次井然，且有对古人的借鉴、师法，颇堪玩味。案5从医案描述来看是少腹部位有实邪结聚，少腹亦是肝经循行路线，肝气郁滞无疑，胃气必不能和降。因结聚多在下午，与天阳不振有关，结聚物多为痰湿浊阴一类。一面健脾化痰除湿，一面疏肝利气散结。大半夏汤本为《金匮要略》治疗胃反呕吐之剂，该方由人参、半夏、白蜜三味药组成，薛雪常以之和胃补虚、降逆化痰。薛雪疏肝行气选择的这几味药也很有特点：青木香辛散苦泄，微寒清热，主入肝胃，兼能解毒消肿祛湿；炒小茴香暖肝肾、散寒止痛，炒橘核理气止痛，川楝子疏肝下气，三味药多用于寒疝腹痛，睾丸偏坠。当然青木香现因马兜铃科植物有肾损害之弊，已不被用。

案例6

消渴心嘈，心下痛，气塞自下而上，咽中堵塞。此厥阴肝阳升举，劳怒动阳必发，久则反胃欲厥。

阿胶、柏仁、天冬、小生地、女贞子、茯神。

案例7

阴中之阳失护，痛由前至胁引经，必用厥阴阳明，是谓知医。

淡苁蓉、枸杞子、茯苓、沙苑蒺藜、当归、生精羊肉。

案例 8

病从少腹右痛，寒热呕吐，是肝病传胃，病去不复，寝食未如昔。二气不复，总属虚象，议治厥阴阳明，和阳益阴法。

小麦、石决明、阿胶、南枣、生地、甘草（炙）。

案例 9

病久绪繁，终不离乎厥阴一脏。今商佐金气以暗制之，滋营气以抚绥之，实太阴以渐御之。亦子贡存鲁霸越灭吴之意。

人参、制首乌、茯神、羚羊角、阿胶、麦冬。

案例 10

补肝法。

人参、茯神、归身、白芍（炒）、柏仁、甘草（炙）。

又方：人参、茯神、广皮、天麻、於术（蒸）、甘草（炙）、钩藤。

附方：戊已汤、砂仁汤法丸。

丸方：川连（盐水炒）、黑川椒（炒）、生白术、青皮、川楝子肉、淡干姜、当归身、细辛。

这几则医案共同的特点是在解决肝胃之间的矛盾问题时，充分考虑到其他几脏对肝脏的影响，在疏肝和胃的同时，综合使用滋水涵木、清金制木、抑木扶土等法，通过调整其他脏腑与肝的关系，来达到缓解肝与胃之间关系的目的，属于隔一而治之法。案 6 从述证来看是肝阳亢逆、胃气不降，它不同于一般的肝气犯胃的特点是：首先有消渴嘈杂这种阴分不足的表现，阴虚必有阳亢；其次是有气塞上冲、咽中堵塞这种亢逆于上的表现，而不是肝气郁滞。肝阳亢逆于上，一方面缘于肝血不能涵养肝木，另外肝肾同源，肾水亏虚于下，水亦不能涵木。治疗上薛氏以滋肝阴、养肝血、育肾阴为主，是图本之法，但是笔者觉得此时肝阳亢逆较重，应加用一些平肝如钩藤、白蒺藜等。另外，胃痛、呕逆较重，亦应有一些和胃降逆不伤阴之品如佛手、香橼、娑罗子等。案 7 从述证及用药来看，既有阴不制阳的一面，又有阳气不足的一面，所以选药颇具匠心，涵养肝阴、肝血而不寒凉，补肾助阳而不刚燥。案 8 是肝气郁久，横逆犯胃，呕吐日久，胃气亏虚，胃纳无力，脾胃亏虚，肝逆愈重。此时一面养血柔肝制木，一面扶土抑木。小麦、甘草、南枣重在扶土，生地、阿胶用于养血滋阴柔肝，石决明则是用于重镇平肝。案 9 没有交代病情，但是从按语来看，也是清金制木、滋水涵木、抑木扶土散发并进。案中“子贡存鲁霸越灭吴”出于《史记·仲尼弟子列传》，“子贡一出，存鲁，乱齐，破吴，强晋而霸越”。以子贡在春秋时期处理国与国关系，类比调整脏腑之间的关系。最后案 10 虽然没有具体的病情描述，但是我们从补肝法三个字以及选方用药，可以推测薛氏的思路。肝体阴用阳，补肝首先是补肝血，所以当归、白芍、柏子仁是必用之品，而参、茯、草则是为扶脾抑木而设。第二个方子里又增加了天麻、钩藤平肝降逆，而把补肝血、养肝阴之品悉去，是从单纯图本而治转为标本同治，恐是肝逆较重，仅用柔肝一法，多有不及，这也反证笔者对案 6 用药不足的推测。最后使用的戊己汤，方名出自《症因脉治》，书中有多个戊己汤。因主要药物是白芍、甘草，原是主治脾阴不足，故以戊己土之意名之。这也是叶案中的常用之方。

案例 11

脉左涩伏，右弦，呕吐脘痛，引及胁肘痛甚则四肢冷麻。是肝厥心痛，惊起怫郁致痛。

高良姜、沙延胡、吴萸、青皮子、生香附、川楝子、茯苓。

接服：苏合香丸，真川椒、乌梅肉，泡汤化服。

接案：脉伏者起，似宜病减，而痛胀脘痞，口涌涎沫，舌仍白，鼻窍煤，面欲赤头汗，显然肝厥犯胃，左升之气，逆乱攻络，胁肤乳穴皆胀，辛香开气不应，便秘溺少。用河间金铃子散，佐以润液，两通气血。

川楝子、青橘叶、左牡蛎、延胡索、桃仁（炒）、漏芦。

本案比较特殊，已经不是简单的肝胃不和而致的脘腹疼痛了。从症状表现来看类于当今缺血性心脏病急性发作的表现。薛雪谓之厥心痛，足见其对《内经》理论之谙熟。《灵枢·厥病》曾对该病有所记载，“病厥心痛，与背相控，善瘛”。该篇还认为本病是由五脏气机逆乱所引发，不独心病，脾胃、肾、肝、肺皆可致病，且各有特点。如“厥心痛，腹胀胸满，心尤痛甚，胃心痛也”“厥心痛，色苍苍如死状，终日不得太息，肝心痛也”，此时的心痛虽然部位临近胃脘部，但是和肝胃气痛差别很大。细究其病机，仍是肝气郁滞，心阳不能外达。所以薛雪的治疗，一面以良附丸散寒止痛，一面以吴萸与川楝子疏肝下气、青皮破气散满，力求解除肝郁、疏达阳气。又恐药力不及，佐以苏合香丸，温通开窍、行气止痛。但是由于本病较为严重，虽然薛雪也意识到这不是一般的肝胃不和，但是据证分析又不离肝胃，尤其是到了二诊，明显为肝气亢逆无制，胃气不降之征。薛雪一面加用牡蛎潜镇，一面因“开气不应”，加用血药。依笔者看，已难回天。从这则医案可以看出，中医辨证论治也是有其局限性的，就本证而言，薛雪辨治也基本中规中矩，但是由于落脚在不同的病上，效果就有很大差异了。薛氏也不是不知道这一点，无奈对于厥心痛一病的特点及治疗经验都很欠缺，所以也是力不从心了。

案例 12

左脉独弦，脐突筋青，肝胀显然，脾愈虚，肝愈实，又不合实脾治肝之法，先泄肝。

郁李仁、柏子仁、茯苓皮、乌梅（炒）、桃仁（炒）、赤芍药、薏米仁。

本案和案 11 有相似之处，也是在复杂疾病中出现的肝脾不和之证。从症状表现来看，“脐突筋青”4 个字把证候特点勾勒得很清楚，类于今天的肝硬化腹水的表现。从辨证来看，左脉独弦，肝郁气滞明显，气郁日久，病及血分，血不利则为水，饮停腹中。另一方面肝郁乘脾，脾失运化，水湿泛滥。脾气愈虚，肝气愈旺，但由于气滞血瘀水停这一因素，单纯疏肝理脾、扶土抑木很难应手。薛氏也意识到这一问题，故说:“又不合实脾治肝之法。”此时治疗颇为棘手，既要疏肝理气活血，又要健脾利水渗湿，同时疏泄最忌耗散气血，渗利要防中伤阴分。薛雪也仅言“先泄肝”，做一个初步打算。虽云泄肝，其实纵观全方，既无疏泄肝气，亦无清泄肝热，笔者理解，薛雪所谓泄肝是缓解肝脏气血壅遏之势。郁李仁有疏肝之功，又可利水，还可润下。茯苓皮、薏苡仁健脾除湿，柏子仁、炒乌梅滋补肝阴，桃仁、赤芍则重在活血。药味不多，配伍还是比较全面，选药也比较精当。当然面对如此重症，难免有病重药轻之嫌，但是方以示法，能心领神会者，自可圆机活法，游刃有余。

（二）胃病治络

络病学说是中医学的重要理论之一，肇始于《内经》，充实于金元，兴旺于明清，以叶天士《临证指南医案》所论为最。叶天士认为“久病入络”或“久痛入络”，意谓不少疾病或病症都可以波及络脉。络病不是某一种独立的疾病，而是广泛存在于多种内伤疑难杂病和外感重症中的一种病理状态；它既是病邪传变的途径，又是促使疾病发展加重的致病因素。在治疗上，叶天士在继承前人络病用药的基础上，发展了络病治法及用药。提出“络以辛为泄”“大凡络虚，通补最宜”等重要论断。作为和叶天士同居吴中、同一时代的薛雪，不可能对叶氏的理论视而不见，所以在他的医案中也体现出来了。当然也有可能，在叶、薛之前，这一理论在吴中就有传承与实践，叶天士则进一步继承发挥了，而薛雪可能仅仅提及而已。以下结合具体医案，初步讨论薛氏从络论治脘胁腹诸痛证的思想。

案例 1

虚里穴为阳明胃，阳明气血皆多，络脉窒塞为痛，映及背部。脉络不和，必宣通望其痛息，彼萸地之凝，芪术之守，皆非络药。

桃仁、穿山甲、阿魏、归须、韭白根、麝香。

从本案中可以看出，“彼萸地之凝，芪术之守，皆非络药”，那么薛氏目中的络药大抵应是灵动的、有畅达气血之效的药物。本案方中，桃仁、当归为辛润活血之品，山甲是虫类药，功擅破坚散结，阿魏，《本草汇言·卷八·木部》谓其“其气辛烈而臭”，有化积除痞之效，麝香则是辛温透达、芳香开窍的佳品，韭白根亦是辛泄宣通之品。从这些用药来看，他基本沿袭了叶天士“络以辛为泄”的观点。叶天士认为“攻坚垒，佐以辛香是络病大旨”“辛香可入络通血”，开创辛味通络诸法治疗络病，其通络法每以辛味为主，有辛温通络法、辛香通络法、辛润通络法等具体应用配伍。这三种用法在该方中皆有体现。

案例 2

病着右腹，甚至针刺刀割，牵引入于腹背，必泄浊气病缓。自述服蚌灰小效复发。夫蚌系介属，味咸攻坚，直入至阴之界。是病已在阴络，锢结瘀滞，蚌但咸寒，不能宣逐瘀腐，络病在下属血，缓攻为是。

䗪虫、桃仁（炒）、酒大黄，熬膏为丸，麝香。

案例 3

五年来饥饱失和，脐中胃脘啾唧痛，痛甚呕吐清水，显然中焦阳伤，但久痛不已，必致凝瘀沉锢。自述泄气则缓，病痛之根，在乎腑络。

半夏、厚朴、草果、姜汁、广皮、胡芦巴。

从这两则医案看出，久病入络，病邪多为锢结瘀滞之邪，这与叶天士“外邪留著，气血皆伤，其化为败瘀凝痰”的观点相吻合。治疗上视气、血、痰、瘀之不同，权衡变通，因机而施。《临证指南医案》中指出邪气久羁，必然伤及血络，治疗或取辛润宣通之药如归须、归尾、新绛、青葱管等通调气机，或取虫蚁之类如蜣螂、土鳖虫、地龙、穿山甲、全蝎等搜剔络中之邪。薛雪继承发展仲景学术，取虫蚁走窜搜剔、灵动迅速之性，用于络中血瘀久滞的病证，“以搜剔络中混处之邪”，突出了虫类通络药的临床应用价值。虫类通络药性善走窜，剔邪搜络，是中医治疗络病功能独特的一类药物，久病、久痛、久瘀入络，凝痰败瘀混处络中，非草木药物之攻逐可以奏效，虫类通络药则独擅此能。案 2 处方其实已蕴大黄䗪虫丸的方义。

案例 4

昔年强旺，夏秋热病顿减，精采不复，鼻窍不通，左胁有声，攻触痛呕，遇劳即发，必脉络中瘀留凝聚，顿然食减少饥，大络必聚血，病中衄血，已见一斑矣。

生蒲黄、桃仁、归须、五灵脂、穿山甲、桂枝木、韭白汁，泛为丸。

理解了薛氏络病用药的一般规律，再看本案中的组方，蒲黄、灵脂是失笑散的配伍，桃仁、归须是辛润通络、活血祛瘀的药对，桂枝、韭白是辛温通络、宣通气血的配伍，山甲是虫类通络药的代表。针对络中瘀留凝聚，以丸药，日久图功。

案例 5

先有血淋，淋止胁痛，脉来左部坚搏，是少阳郁热乘络所致，忌食酒肉厚味。

桃仁（炒熟）、茺蔚子、牡丹皮、当归须、山栀、泽兰。

本方中桃仁、归须仍是辛润通络的配伍，丹、栀意在清肝胆热，茺蔚子和泽兰皆具活血化瘀而利水通淋之功，配伍精巧而严谨。另外叶天士还提出“大凡络虚，通补最宜”，有辛甘通补与滋润通补等补虚通络之法。还有藤类药，取其外形比象经络，所以后世医家多以藤类药行经通络。这两点在薛雪的案中没有体现。

（三）病及血分

瘀血阻于脉络所致的脘腹痛，其特点是痛有定处，拒按，或见吐血，黑便等症状。多先由肝郁气滞，气滞日久，血脉为之阻滞，遂致瘀血内停。《清代名医医案精华·王旭高医案》："肝胃气痛，痛久则气血瘀凝。"或劳伤过度，损伤胃络，瘀血内停。如《类证治裁·卷六·胃脘痛论治》说："伤力脘痛，必瘀血停留。"或火郁胃经，阴血受其煎灼，血络受损，造成瘀滞，如《症因脉治·卷一·胃脘痛论·内伤胃脘痛》说："伤其阴血，则停积于中。而成死血之痛。"亦有因劳倦内伤，元气亏损，无力推动血运，此气虚成瘀。治疗胃痛的活血化瘀名方很多，如失笑散、丹参饮、金铃子散等，这些方剂多兼具活血化瘀、理气止痛之功，习用良久。

案例 1

胃气痛发。

五灵脂、川楝子、桂木、生蒲黄、延胡索、生香附。

痛缓用后方。

桃仁（炒）、茯神、杞子（炒）、柏子仁、桂圆肉、新绛。

本案虽然叙证很简，但是从选方来看，失笑散与金铃子散都包括其中。失笑散出自宋代《太平惠民和剂局方》，由五灵脂、蒲黄各等分组成，是治疗血瘀作痛的常用方。不通则痛，痛则不通，这是中医认识痛证的高度理论概括，也是临床用药的理论依据。失笑散中五灵脂通利血脉、散瘀止痛；蒲黄能行血、止血。二药配用，不仅能活血，而且能止血，共奏祛瘀止痛，推陈致新之功。《古今名医方论·卷四》谓是方"甘不伤脾，辛能逐瘀，不觉诸证悉除，直可以一笑而置之矣"，故得名。金铃子散出自《素问病机气宜保命集》。本方由川楝子、延胡索两药组成。用于肝气郁滞，气郁化火所致之胸腹胁肋疼痛，有疏肝泄热，行气止痛之功用。药虽两味，但功效卓著。方中川楝子清热行气，泄气分之热而止痛；延胡索活血行气，行血分之滞而止痛。服本方可使肝郁解而热自清，气血行而疼痛止。《绛雪园古方选注·中卷·内科·金铃子散》曰："金铃子散一泄气分之热，一行血分之滞……方虽小制，配合存神，却有应手取愈之功，勿以淡而忽之。"由于川楝子亦名"金铃子"，本方以其为主药，且剂型为散，用酒调下，故称"金铃子散"。本案后所载的痛缓用方也很耐人寻味。桃仁活血而润燥，祛瘀而不伤血，新绛之用来自《金匮要略》治疗肝着的旋覆花汤。肝着是肝失疏泄，经脉气血郁滞，着而不行，以"常欲蹈其胸上"为主要表现。薛雪也是意在仿旋覆花汤，通调肝络，活血止痛。杞子、柏仁养肝阴，以制肝气；茯神、桂圆悦心脾；茯神、柏子仁又可安心神。因本证与患者情绪变化关系密切，所以薛雪在补肝阴、养脾血、安心神着力，缓缓图本，并不是一味活血、行气，这一点非常重要。

案例 2

左胁下硬，忽忽喜忘，是为蓄血之象。

桃仁、牡丹皮、郁金、钩藤、降香汁、赤芍药、橘红。

蓄血证原出自《伤寒论》，特指外邪入里，瘀热互结下焦，以少腹急结、小便自利、以及发狂、喜忘等精神症状为主要表现的一类病证。仲景创制抵当汤、抵当丸、桃核承气汤等破血逐瘀名方以治之。后世医家逐渐将其概念泛化，如《杂病源流犀烛·诸血源流》云："蓄血，瘀血郁结也。"将其作为瘀血范畴中的一个特殊概念。本案中，薛雪抓住胁下硬与喜忘两个关键症状，虽断为蓄血，但并未沿袭仲景之治，而是自拟了一个活血化瘀、疏肝平肝的方剂，亦算是对仲景蓄血证治理论的发展。

案例 3

脉沉小，痛起胸脘，串及腰背，五年宿恙，寝食不改。此病在脉膝之间，痹阻不伤脏腑。议以流通周行气血，勿得峻剂。

川桂枝、抚芎、乳香、姜黄、香附、茯苓，酒水各半泛丸。

本案虽起病在胸脘，但是患病五年，寝食不改，说明与脏腑无涉。这种胁痛在临床中也不为少见，薛雪断以脉膜气血痹阻，以流通周行气血为治，其在诊断过程中的思维方法、排除方法都很有见地。就处方而言，同是活血行气，与前几案相比，选药组方的差异，显而易见。方中乳香、姜黄亦是舒筋活血的常用之品，多用于跌打损伤、筋断骨折之证，很有针对性。

（四）其他证型

除了前面三部分比较成系统的医案之外，还有一部分虽然证候不是很集中，但是也不乏临床常见的证候类型，从薛雪的治疗中也能映射出一些吉光片羽，对目下的临证亦具借鉴意义。兹就每案分别讨论。

案例 1

茹素多年，中焦阳气易亏，纳食必胸脘痛及两胁。由乎脾脏阳弱，不主运行矣。治以辛香温暖，健脾佐运。

於术、荜茇、淡干姜、新会皮、益智仁、淡吴萸。

本案是较为典型的脾胃虚寒证，薛雪从病因到病机做了解释，其主要症状并不是脘腹部的绵绵疼痛、喜温喜按，而是“纳食必胸脘痛及两胁”，由此可见胁痛和脘痛很难截然分开。其原因是脾阳不振，失于温煦，寒凝气机而痛。且脾失于运化，土壅木郁，肝气亦失于条达，所以痛及两胁。病位在脾胃，病性为阳虚内寒，当温阳暖脾助运，兼以条达肝气。荜茇、淡干姜是温中散寒的主药，於术、益智仁是薛雪惯用的药对，前者可健脾助运、后者温肾暖脾，陈皮理气止痛。妙在一味吴茱萸，既能暖肝散寒，又可疏肝下气，治疗胁痛。本方药证合拍、丝丝入扣，选药也颇具巧思，堪为薛案中的佳作。

案例 2

老年脉沉目黄，不饥不食，腹痛自利，后坠溺涩。此长夏湿邪，伤于太阴脾位，阳不运行，湿热凝注。法当温脾导湿，佐辛香以宣浊，补中益气，甘温升守壅气，宜乎䐜胀。议开太阳温太阴方。

木防己、川桂枝、大腹皮、生厚朴、草果仁、新会皮、小茵陈、茯苓皮。

本案中的腹痛其实是黄疸病的一个症状而已，从发病季节和临床表现来看是一个非常典型的脾胃湿热的证候。既然是湿热内蕴，最容易想到的是清热利湿，但是从薛雪的处方立法来看，似不是这么简单。因为湿为阴邪，而热为阳邪，湿热混杂一处，最难处理。如果单纯苦寒清热燥湿，恐会厄伤阳气，不利化湿；而单纯温阳化气，又会助热。所以薛雪组方思想是“温脾导湿”，一面温阳化湿、一面清热利湿，寒温并用。木防己和桂枝的配伍就反映了这一思想，该配伍出自《金匮要略·痰饮咳嗽病篇》的木防己汤，薛雪医案中曾多次使用。原方本是一张治疗膈间支饮的名方，尤在泾《金匮要略心典·卷中·痰饮咳嗽病脉证治第十二》云：“木防己桂枝一苦一辛，并能行水气而散结气。”方中桂枝辛温通阳，化气而调气；防己疏通水道，使饮邪下走膀胱，水行气亦行；二药相配，其行气散结，温阳化水之功更彰。大腹皮、小茵陈、茯苓皮辅佐防己，淡渗利水、导热外出；生厚朴、草果仁、新会皮则是辅佐桂枝，苦温燥湿。从本案选方用药来看，薛雪对湿热证治的功力，可见一斑。案中提及的开太阳、温太阴，也是在其医案中多次提及的一个治则。薛雪也没有仔细说明其意义，综合考量来看，温太阴应是温脾化湿，开太阳主要是开达太阳之腑——膀胱。

案例 3

饥饱悲哀，内伤情志，痛无定所，忽闭忽开，主乎营卫流行失绪。凡心主营，肺主卫，当开爽怡悦，气血不致结痹，不必偏于寒热补泻也。

桂枝、石菖蒲、远志肉、茯苓、甘草（炙）、茯神。

本案病因为情志内伤，症状表现为痛无定所，这在临床实践中并不少见，尤其是当下，因工作、生活压力增大，由精神紧张、情绪不良诱发的躯体疼痛，屡见不鲜。对于这类疾病的治疗，正如薛雪所言“当开爽怡悦，气血不致结痹，不必偏于寒热补泻也”，正所谓心病还须心药医。而在治疗过程中，病人对医生的信任程度、病人对治疗的依从性，对于取效更为关键。观薛氏的选方用药，正如其言“不必偏于寒热补泻”，似乎是不着痒处，但又独具匠心。桂枝意在温通经脉，条达气血；茯苓、茯神、甘草，健脾安神；菖蒲、远志乃是交通心肾、安神定志的药对。其用意也是通过安神定志，使病人神有所归，虑有所定，血脉畅达，营卫和调，自然疼痛尽失。菖蒲、远志的配伍，出自《备急千金要方》孔圣枕中丹。菖蒲擅“开心孔”、“通九窍”，远志涤痰又可宁神，二药相伍，启闭通幽、交通心肾，为安神类处方中的常用之品。

案例 4

老人胃弱，多食甜物缓中，况入暴冷，亦走胃之募原，汤水尽呕，胃脘痛气逆格拒，以辛香开之。

吴萸、高良姜、红豆蔻、块茯苓、熟半夏，研入苏合丸。

这则医案是寒客胃腑的证候，感受暴冷、凝闭气机、胃失和降，故见胃痛、呕吐清水，这也是胃痛常见的证候。良姜、红蔻温中散寒，半夏降逆止呕，吴萸暖肝散寒、下气止痛，茯苓健脾调中。另外，本着急则治其标的原则，以芳香走窜之苏合香丸透达凝寒、疏通气机以止痛。苏合香丸出自宋朝《太平惠民和剂局方》，以芳香开窍药为主，配伍大量辛温行气之品，具有温通开窍、行气化浊的功效。不仅可以用于中风所致的突然昏倒、牙关紧闭之证，亦是寒凝气滞之心腹疼痛的救急之品。

案例 5

寒自口鼻中入内，发散疏表非法，便燥不爽，腑气不和，当先治痛理气。

生香附汁、草果仁、杏仁、高良姜、广皮、厚朴。

本案同案 4 在病机上无大异，但是在临床表现上，案 4 主要表现为胃气上逆之呕吐，本案则以腑气不降之大便难为主。从处方当中已经可以看出“良附丸”的组合了。良附丸由高良姜、香附组成，虽出自清代谢元庆的《良方集腋》，但这本书是清代晚期辑录民间验方、汇编而成的。从薛案来看，该方早就应用于实践中。且谢亦是吴中人，有条件接触当地医家临床实践中的验方。方中良姜温中散寒，香附行气止痛，特别是香附用汁，意在润下。陈皮、厚朴、草果皆是行气疏达止痛之品，杏仁宣降肺气，辅厚朴以降肺胃大肠之气，又可润燥通便。方中草果，偏于温燥，如有寒湿凝聚，方为合拍，如果仅有寒邪，且已现便燥之证，用之是否合适，有待商榷。如果将草果换为枳壳，枳壳配厚朴通达腑气，枳壳伍杏仁降泄肺胃，且枳壳辛燥之性远较草果为差，笔者认为可能更为合适。

十、遗精

遗精是指不因性交而精液自行泄出的病证，有梦遗和滑精的不同，多因恣情纵欲，劳心过度，妄想不遂和饮食不节等原因所引起。遗精之病早在《内经》中就有记载，《灵枢·本神》便有“恐惧而不解则伤精，精伤则骨酸痿厥，精时自下”之语。仲景在《金匮要略·血痹虚劳病篇》中的桂枝龙骨牡蛎汤、小建中汤、天雄散等条文中已涉及到遗精的证治。至明代，对遗精病因病机的认识已臻于完善，尤以《景岳全书》“遗精之证有九”之论最为全面。清代的程国彭提出了梦遗与滑精之别，《张氏医通》则提倡根据年龄、体质等详辨寒热虚实在本病的辨证论治上有较大发挥，颇切合临床实际。遗精初起以实证为主，日久则多见虚证。实证又有君相火旺、湿热下注及痰火内蕴的不同；虚证则多责之肾虚不固、脾气失摄。遗精的治疗原则简言之，实证常以清泄，虚证每多固涩。但临床多是虚实夹杂，心脾两虚多有痰浊，阴虚火旺又有湿热，肝郁脾虚，心肾不交，种种夹杂，不一而足。纵观薛案，薛雪关注的是遗精一证发生、发展过程中，阴阳气运动变化造成的阴阳气之间关系的失衡，其治疗的着眼点也在于调整这一失衡关系。

（一）交通心肾法

交通心肾一说，源于易学。《易·泰》：“象曰：天地交，泰。”泰，六十四卦之一，乾下坤上。天本在上，地本在下。现在天降下，地上承，形成天地交汇。心肾之理同天地。心为火，肾为水，二者与乾坤相对。将《韩氏医通》治疗心肾不交，怔忡失眠方称为交泰丸，盖源于此。另外，在《脾胃论》中也有一交泰丸方，此交泰丸是通过“升阳气、泻阴火”实现人身阴阳水火的正常升降，体现了李杲一贯强调的“天地阴阳生杀之理在升降浮沉之间”的观点。后世很多医家据此发挥，认为脾胃为心肾上下交通，水火升降必经之地。如《血证论·卷一·阴阳水火气血论》言：“血生于心火而下藏于肝，气生于肾水而上注于肺，其间运行上下者脾也。”所以调理脾胃升降就成为实现交通心肾的另一途径。

案例

交白露暑去凉来，阳降多遗，仍悸恐畏怯，用交心肾固摄。

人参、龙齿、归身、芡实粉、远志、柏仁、湖莲、茯神、熟地、五味子、金樱膏丸。

本案明言发病时间是白露时节，“阳降多遗”一句清晰地体现了薛雪从阴阳升降角度对发病原因的思考。夏至到秋分是天地阳气渐衰、阴气渐长的阶段，至秋分二气均平。天人相应，每人的阴阳气变化皆如此，但独该患者发生遗精，说明他阴阳气升降的水平异常，也就是阳气的升举、固摄功能不足，其悸恐畏怯的症状也提示阳气虚损。薛雪提到的交心肾治法实本叶天士，“有梦而遗，烦劳过度及脾胃受伤，心肾不交，上下交损而成者，用归脾汤、妙香散、参术膏、补心丹等方，心脾肾兼治之法”。此处的交通心肾即重在补脾气、养心血，同时加重了固精止遗药物的分量，如莲子、芡实、金樱子、五味子等等。此种心肾不交之证在当代《中医内科学》中多以劳伤心脾名之，治法多作调补心脾、益气摄精，与滋阴降火或引火归原等心肾不交之治相区别。

（二）补精化气法

对于精与气之间的关系，《素问·阴阳应象大论篇》早有论及，提出“味归形，形归气，气归精，精归化；精食气，形食味，化生精，气生形；味伤形，气伤精，精化为气，气伤于味”。药物饮食的味能滋养人的形体，而形体又赖求元气的充养；药物饮食之气生成人体的阴精，而人体的阴精又仰赖气化产生。但是五味太过又能损伤形体，同时也能损伤人体的元气。正如马莳所言：“气归精而精食气，则凡物之气，固所以养精也，然气或太过，适所以伤此精耳。”精生于气，气生于精，精气互化理论在临床应用甚广，《外台秘要》治疗虚劳失精，载药方二首，皆以补气助阳之法，方如人参丸、黄芪汤等。张景岳重视精气互根的关系，并以此作为论治的基础。《景岳全书·卷二·传忠录·阳不足再辨》云：“善治精者，能使精中生气；善补气者，能使气中生精。”薛氏这方面的思想盖源于此。

案例 1

色夺脉虚，夏秋日加烦倦，此非客痫。据说左胁中动气，因遗精惊恐而得。乃下损精血。伤气因精而伤，当补精以化气。

紫石英、杞子、制首乌、茯神、柏子仁、归身。

案例 2

无梦精遗，腰髀酸软，入暮内热，五更盗汗，交节前后，体质更乏。显然真阴大亏，阳无依附，浮动不已，虚怯内伤。若不养阴，服药不效。

人参、五味、阿胶、天冬、莲肉、熟地、茯神、柏子仁、芡实、金樱膏丸。

案1明确提出气因精伤、补精化气的观点，反映了薛雪在治疗中对精气之间互生互用关系的重视。由于精血耗伤，导致阳气受损，变动不居，所以患者感到左胁中有动气。治疗应该用滋养精血的方法涵养阳气。紫石英功能温肾暖宫，又可镇心安神，首乌养肾精血，当归滋肝血，杞子为阴阳平补之品，茯神、柏子仁意在养心安神。本方养精血但不滋腻，温阳气而不燥烈，选药配伍很是精当。案2中“真阴大亏，阳无依附，浮动不已，虚怯内伤”十六个字充分体现了薛雪从阴阳气之间关系的失衡角度，认识遗精一证发生、发展过程中病机变化的思想。面对纷繁错杂的证候表现，紧紧抓住滋阴敛阳一环。在具体组方上，施以大队的滋阴药的同时，委一味温运肺脾之气的人参统率之，辅以莲子、芡实、金樱子等固涩之品收敛耗散之阴阳，此配伍法度颇堪师法。

（三）潜降固涩法

潜降一法，主要针对于肝肾阴亏于下、阳气亢逆于上的病机，这与眩晕、中风等疾病中类似证候法无二致。薛雪施此法约从两途：一是重镇降逆，此宗喻嘉言蓄鱼置介之说，多施以介类重镇之品；其二是滋阴降火，此宗朱丹溪“肝肾之阴，悉具相火”之说，今水浅龙升，故通过补阴抑阳，降泻龙雷之火。

案例1

苦寒直降，阴走泄为遗，阳浮越为头痛咳嗽，以摄固二气主之。

熟地、远志、龙骨、茯苓、芡实、牡蛎。

案例2

疟热伤阴，数年春秋内热，仍安寝能食。想办事勤劳，阳气易于升动，此阳降为遗泄。

虎潜丸。

案中亦明显体现出薛雪灵活处理阴阳二气之间的辩证关系的特点。案 1 是阴精耗散走泄于下，阳气亢逆浮越于上，以重镇之品镇坠亢逆之阳，同时以收敛之品固涩走泄之阴，如能佐以养阴滋液，则更为妥帖。案 2 亦是阴损日久，阴不敛阳，阳气易升易降，此阳降为遗，亦即阳气收摄不及，阳气亦有一定程度的虚损。所以在选方用药方面薛雪并没有选择丹溪著名的大补阴丸，而是以虎潜丸治之。该方由黄柏、龟板、知母、生地黄、陈皮、白芍、锁阳、虎骨、干姜（《医方集解》所载虎潜丸尚多当归、牛膝、羊肉三味）组成，功擅滋阴降火，又可强壮筋骨，原本治疗肝肾不足，阴虚内热所致之腰膝酸软，步履乏力，筋骨痿弱之证。本方与大补阴丸均有熟地、龟板、黄柏、知母，均有滋补肝肾之阴、清降虚火之功，但大补阴丸以猪脊髓、蜂蜜为丸，故滋补精血之功略胜。而本方尚有锁阳、虎骨、干姜等温补之品，所以对于本证阴虚火旺，又有阳气虚损者更为合拍。

（四）酸敛制阳法

本法是薛雪治疗遗精病案中的较为独特的一案。收敛固涩一法在遗精病的治疗中较为常见，但是纯以酸涩之药组方，实不多见。本法主要适用于遗精病日久，阴损及阳，此时滋阴与补阳药对于此久病之虚体皆不合适，所以姑且以酸味柔和之品，固涩阴精，摄敛阳气，属于常法之变，权宜之计。

案例

遗精三年不愈，寐则阳入于阴，溺必自出不禁，寤则欲溺大便遗，摄固下元不应，谅非升阳主治。以酸味柔和，制其阳气直升直降，是为的法。

山茱萸、山药、金樱子、五味子、湘莲、芡实。

患者遗罹患精三年，病程日久，不惟阴损，阳气亦有所伤。寐则小便失禁、寤则二便失禁，足见命门火衰，肾气气化功能不振，膀胱开合失司，肠道传导失度。案中言用固摄下元之法不应，想必是使用了补肾培元、收敛固涩之品。此时补阳药会煽动相火，加重遗精；滋阴药则会有碍阳气的升发气化，加重二便遗溺。必须是微温不燥、兼有酸甘之味的药物，方可胜任。一方面固摄肾气，减少精液的损耗，其微温不燥之性又可慢慢培补肾中命火与真阴，日久肾气渐固，再缓缓加重药力，步步为营，方是王道。

十一、淋

淋证，是以小便频急短涩、滴沥刺痛、小腹拘急，或痛引腰腹为主要临床表现的一类病证。淋证之名，首见于《内经》。有“淋”“淋溲”“淋满”等名称。汉代张仲景在《金匮要略·消渴小便不利淋病脉证并治》中对本病的症状作了记述：“淋之为病，小便如粟状，小腹弦急，痛引脐中。”并在《金匮要略·五脏风寒积聚病脉证并治》中指出其病机为“热在下焦”。《中藏经》据其临床表现不一，提出了淋有冷、热、气、劳、膏、砂、虚、实 8 种，开淋证临床分类之先河。此后淋证的分类一直是医家关注的重点，如《外台秘要·卷二十七·诸淋方》提出：“五淋者，石淋、气淋、膏淋、劳淋、热淋也。”后世多相沿袭用，亦有变化，如《济生方·小便门·淋利论治》云：“淋之为病，种凡有五，气、石、血、膏、劳是也。”明清以后，有些医家也认识到诸淋的区别并非绝对，往往在病程的发展过程中相互转化，尤在泾就在《金匮翼·卷八·诸淋》中指出：“初则热淋、血淋，久则煎熬水液，稠浊如膏如沙如石也。”总之，本病的诊疗理论经过历代医家的论述、充实，是比较完备的。薛雪治疗本病的医案并不是很多，其诊疗思想并不系统，但能感受到是仍是依五淋之纲目辨治的。这里择取有代表性的三则医案，勾玄其治法，就正方家。

案例 1

破伤淋沥，点滴不能宁忍，用通利则遗精，肾气仍无效，跌扑必属惊恐，以致逆乱。以东垣天真丹缓治，以转旋气血之痹。七旬年岁，下元已衰，淋闭久不肯愈。春正天寒，食减无味，下病传中，治法非易。《灵枢》谓中气不足，溲便为衰。苟得知味知谷然后议病。

大半夏汤。

本证是由于跌扑破伤而致，自然很容易联想到有瘀血阻滞，前医用通利，估计方中也会有一些破血行瘀之品，病人服后出现遗精，应是在肾气亏虚基础上，由于降泄太过，肾气收摄不及而致。此时虚实夹杂，使用肾气丸又无效，薛雪选用了《医学发明》中的天真丹，该方由沉香、巴戟、茴香、萆薢、胡芦巴、破故纸、杜仲、牵牛、琥珀、肉桂组成，原书主治仅下焦阳虚四字。该方在一派温补肾阳的药队中，有萆薢、牵牛、琥珀三味药，三药皆有利水之效，所以本方恐与阳虚水泛有关。本方在温补肾阳助气化的基础上利水通淋，琥珀又有活血之效，所以用于本证较为合适，说明薛雪对东垣的方剂颇有研究，只是牵牛攻逐之力较盛，需要谨慎。至于其后用大半夏汤治疗，则体现了薛雪见淋不治淋，以调理中焦之湿，斡旋脾胃中气，固本缓图的王道之法。

案例 2

尿血即血淋，热遗小肠膀胱为多。今四肢不温，膝酸足软，天暖犹欲火烘，脉缓小弱。此系八脉不摄，以壮冲任督脉，佐以凉肝，乃复方之剂。

鹿茸、鹿角霜、杞子（炒黑）、归身、生地、天冬。

血淋固然多有血热妄行之机，但是纵观本案，明是阳虚不摄，温阳益气摄血应是不二法门。但是薛雪在温阳的同时，又有归身养血活血，还有生地、天冬反佐，一方面防止温燥太过，另一方面血伤必有虚火，配伍地、冬亦可滋阴清热。枸杞子阴阳平补之品，炒黑亦有血见黑则止之义。这些细微之处，足见薛雪用药组方之缜密。

案例 3

膏淋四年，夏秋但淋，入冬先两胁痛，左右横梗，必呕吐，痛时溺清，痛缓随淋。甲寅年四月，用海金沙、茵陈、萆薢分利湿热，夏季颇安，入冬仍发，食物不消，味厚病甚，久蕴湿气，胶固阳明胀络，当天凉气收，饮邪阻气窒滞。发久病深，通剂必用缓法，攻逐用两通气血，佐以辛香入络。

厚朴（姜汁炒）、白芥子、大黄（韭白汁浸）、茯苓、桂木、土炙穿山甲、制半夏麝香水法丸。

在当代的中医内科学中，膏淋似特指丝虫病之乳糜尿一证。但在古代文献中，与前文的浊病在症状表现和辨证论治方面，很难截然分开。从本案来看，薛雪初治亦是以分利湿热为法，与之前浊病的辨治并无二致。后方则体现了薛雪对于久病，强调用丸药缓图，并以辛香走窜之品，引药入络的思想。

十二、浊

浊是浊病的简称。最早指小便浑浊色白的症状，如《诸病源候论·卷四·虚劳小便白浊候》“胞冷肾损，故小便白而浊也。”《太平圣惠方·卷五十三·治消肾小便白浊诸方》亦把小便白浊如脂作为消渴之下消的症状描述为“夫消肾，小便白浊如脂者，此由劳伤于肾，肾气虚冷故也”。之后随着医学发展，对于小便浑浊的认识又有了赤白之分，《丹溪心法·卷三·赤白浊四十四》就将小便浑浊、色赤或有血者称赤浊，无血而色白者称白浊。认为总由湿热下注则为浊病。湿胜于热则白，热胜于湿则赤，治宜导其湿热为主。戴思恭则进一步探讨了小便白浊产生的原因，《秘传证治要诀·卷八·大小腑门·白浊》认为:“如白浊甚，下淀如泥，或稠粘如胶，频逆而涩痛异常，此非是热淋，此是精浊窒塞窍道而结。”《证治准绳·杂病·第六册·大小腑门·赤白浊》亦提出“浊病在精道”的观点，认为:“今患浊者，虽便时茎中如刀割火灼而溺自清，唯窍端时有秽物如疮脓目眵，淋沥不断，初与便溺不相混滥。”至此对于便浊的认识程度开始趋于深化和细致，有了精浊与便浊之分。如《证治汇补·卷八·下窍门·便浊》明确指出“浊分精溺。”对浊病分类总结得最为完善的，仍属《景岳全书·卷二十九·杂证谟·淋浊》,“便浊证有赤白之分，有精溺之辨”。综上所述，本证可见为多种疾病的临床表现之一，如慢性尿路感染、慢性前列腺炎、淋病、乳糜尿、糖尿病肾病等疾患。在当代中医内科学中，精浊的症状描述主要与前列腺溢液（滴白）相当，一般认为精浊作为疾病名，主要与现代医学中的慢性前列腺炎相当。

（一）浊病之常法——治分虚实

纵观薛雪的医案，其对浊病的论述虽然不像张景岳那样细致，但是他对浊病的辨治倡虚实两端：实者责之湿热下注，治以清利湿热；虚者责之精败而腐，治以温养通补。其观点也算简明扼要、提纲挈领。以下两案则清楚地体现了他的这一思想。

案例 1

淋变为浊，凡有余者为湿热，不足者属精败而腐，见症属虚，治以温养通补。

鲜河车、枸杞子、沙苑蒺藜、淡苁蓉、熟地、茯苓、归身，小茴香拌炒。

案例 2

遗精溺浊，用填阴固涩之剂，小溲不通，背部腰脊，气掣攻触，乃湿热内郁，太阳之气不行，仿《金匮》渴者用猪苓汤。今夏疟疾，皆时令秽湿之邪，疟后食物不慎，湿留生热下注，遂患淋沥茎痛便难。阅医取苦胜湿，寒胜热，甚是近理。但加地黄汁腻浊滋血，与通利未合。

海金沙、茯苓皮、山茵陈、晚蚕沙、菖蒲、黄柏、萆薢。

案1明确指出了浊病的虚实两端，实者为湿热，虚者属精败而腐。精败而腐是古人结合病人全身辨证情况，对尿道滴白这种症状的一种臆度。这类病人多有房事不节，日久阴损及阳，肾阳不振，气化不力，才有这类混浊的液体下注、外排。治疗当以温肾阳、益精血、通窍道，薛雪概括为温养通补。温肾阳，蒸津液，助升提；益精血，补耗损之阴精；通窍道，既有通精窍，又有通水路，使败精留瘀排出体外。纵观薛雪组方基本也是按照这一思路，略感温养滋补比例较重，如果下焦湿热仍盛则当谨慎，另外如再有通利下焦的川膝、瞿麦等更觉周密。案2则是薛雪对浊病属实者的治疗。先提及前医遗精溺浊误用养阴固涩，致使湿热壅滞，膀胱气化不力，病人小溲不畅，伴有腰背部气滞攻痛，薛雪断为太阳之气不行，未用化气行水之五苓散，而是治以养阴利水之猪苓汤，应是查及渴的症状，已有湿热伤阴之象，遂有此变通。而后方则是一派利水通淋，且特别提及去掉前医之生地，虑其“与通利未和”，足见薛雪在处理利水与养阴的关系上十分灵活而不失法度，有常有变，有急有缓。

（二）浊病之变法——重在肝肾

尽管薛雪对浊病的治法勾勒得比较清晰，但是见诸临床，实际情况远非虚实两端所能尽括。虚实互见、寒热错杂、上下交病、燥湿并见者，在本病的发展过程中绝非鲜见。初起因相火偏旺，湿热偏胜，扰动精室，以热证居多；继而，湿伤阳气、热伤阴液，脾气下陷、肾阳不振、肾精虚损等虚象毕露；久之，湿聚可以成痰，虚实皆可致瘀，病机变化更加复杂。所以本病目前在临床，既是常见病，亦是疑难病。所以在此选取了几则较为复杂的浊病医案，往往从这些变证的治疗中，更能窥及薛雪对补虚、泻实这两种法度的灵活运用。总起来看，由于这些复杂的情况多是久病而致，所以薛氏治疗的重心是肝肾，在温补肝肾的基础上，视虚实情况，灵活选用利湿、收涩、清热、潜降等治法相参伍，俾阴阳生降，合其常度，日久见功。

案例 1

体伟肌丰，脉得缓小，凡阳气发泄，形似有余，里实不足，水谷之气，不得畅遂，酿湿下注为浊。已经三四年，不效气坠，宜升阳为法，非比少壮阴火自灼之病。

菟丝子、车前子、蛇床子、大蘹香、韭子、茯苓、覆盆子、蒺藜子。

本案首先是对“体伟肌丰、脉得缓小”的解释，薛雪认为是阳气外泄太过，里阳遂不足，致使湿浊不化，下注为浊。他的这一思维很重要，在后面的医案中还有体现。案中少壮阴火一说，笔者认为不是指的李东垣所论的，由于元气虚损而致的阴火内生，因为本案的病机变化恰恰符合李东垣所论。这里的少壮阴火，恐是阴虚火旺之意。本案选药颇有特点，以种子和果实类药物为主，体现了同气相求的思想。菟丝子、蛇床子、韭子意在温壮肾阳，补里阳之不足。大茴香和白蒺藜，一暖肝经，一疏肝经，使水谷之气畅遂，疏泄郁滞在下焦的湿浊。车前子和覆盆子，一通利膀胱，一约束膀胱，“膀胱不利为癃，不约为遗溺”（《素问·宣明五气》），这一对药物恰好起到相反相成的作用。茯苓与菟丝子配合，仿局方茯菟丸之义。笔者认为案中已明言“气坠”“宜升阳”，如能配伍这类药物，更觉妥帖。

案例 2

诊脉右数，左小数入尺，淋浊不止，继患目疾，是精血暗损，肝肾之症。凡操持用心，五志之火自亢，是情志突起，非客气六淫之邪，并不许以辛散清火为治。

熟地、枸子、茯神、夏枯草、柏子仁、甘菊、远志、香附。

本案从述症来看，当是劳心过度，心阴暗耗，日久下汲肝肾：精血不能上荣，遂有目疾；阴虚火旺则尺脉小数；虚火下扰故而淋浊不止。从选方用药来看，有养肝明目的熟地、杞子、菊花，有养心安神的茯神、柏子仁，远志则居二者之间，交通心肾。从选用香附、夏枯草来看，患者多有情志不遂之证，夏枯草亦多治目珠疼至夜则甚者。案中提及“不许以辛散清火为治”，笔者认为诚为是论，但是本方中凉血滋阴清热亦显不足。

案例 3

精浊四年，据述途中烦劳惊恐而得，头面眩晕，肌肉麻痹，遇房事必汗泄，顾形体反壮。此阳微失护，精关不固，温肾宁心，冀渐交合，久恙未能速效。

韭子、龙骨、覆盆子、五味子、菖蒲、柏子仁、补骨脂、胡桃、金樱膏丸。

本案精浊得之于“途中烦劳惊恐”“阳气者，烦劳则张”，复有惊恐，肾阳益损。房事必汗泄为肾阳虚损之候，所以使用了韭子、补骨脂、胡桃等温肾助阳之品。汗为心之液，所以使用了较多的收摄心气、安养心神之品，如龙骨、五味子、柏子仁、菖蒲。覆盆子、金樱子重在固涩精关。

十三、女科疾病

（一）女科奇经用药特色

《扫叶庄医案》卷四，系经产淋带女科杂治，共收 60 余案，专从奇经论治者达 21 案之多，足见薛雪运用调理奇经法治疗妇科病的特色。关于奇经药物和方治，在《备急千金要方》和《千金翼方》里就有记载。至清代叶天士于此发挥尤多。与叶天士生活于同一地区、同一时期的薛雪，在这方面具有相似的学术理念，便不足为奇了。虽然妇科奇经用药，是非常有特色的内容，但是由于这部分理论并未完全成型，笔者也只能结合叶天士所论，从薛雪医案中揣度其妙，管中窥豹，请方家指正。

1. 壮任督妙用龟鹿

督任二脉同源出胞中，督脉总督一身之阳经，为“阳脉之海”，任脉总任一身之阴经，为“阴脉之海”。叶天士曾云，“鹿性阳，入督脉”“鹿茸壮督脉之阳，鹿霜通督脉之气，鹿胶补肾脉之血”“龟体阴，走任脉”。龟板、鹿茸是任督二脉的基本用药。

案例

质偏于热，阴液易亏，女人肝为先天，月事虽准，而里少乏储蓄，无以交会冲脉，此从不孕育之因由也，凡生气阴血，皆根于阳，阳浮为热，阴弱不主恋阳，脊背常痛，当从督任二脉治。

鹿胎、当归、桂圆肉、桑螵蛸、元武版、茯苓、枸杞子、细子芩。

本案“阳浮为热，阴弱不主恋阳”，此为浮阳假热，实阴阳均俱不足。方以鹿胎温煦养阳补督，元武版滋阴潜阳充任，当归、枸杞子、桂圆肉养血敛阴，黄芩监制浮阳。补督任者治根本，阴阳充实，嗣育有根，春生不息。

2. 益冲任重在养血

冲脉与任、督脉，足阳明、足少阴等经脉均有密切联系，能调节十二经气血故称“十二经脉之海”，又称“血海”。冲任二脉同起胞中，与女子月经正常的行止有密切关系。养血滋阴，是冲任虚损用药的关键。

案例

天癸当绝，今屡次崩漏，乃冲任脉衰，久漏成带，延绵之病，且固其下。

乌贼骨、小生地、鲍鱼、茜草、阿胶、续断。

天癸当绝未绝之年，冲任二脉虚损，延为漏带。用生地、阿胶滋养阴血，阿胶尚有止血之功；鲍鱼乃血肉有情之品，充填精血之不足，亦与叶天士“柔剂阳药，通奇脉不滞，且血肉有情，栽培身内之精血”（《临证指南医案·卷一·虚劳·万案》）之论相合。乌贼骨、茜草、鲍鱼亦是《内经》四乌贼骨一藘茹丸的主要药物，在充养精血的基础上，又可化瘀止血、固涩收带。本案药味精简，组方严密。

3. 平冲逆常以镇坠

冲脉，上至于头，下至于足，贯穿全身，成为气血的要冲。冲为十二经脉之海，气血之大汇，起于下焦，冲脉郁盛，气上里急，逆冲为病。治宜疏调肝肾滞气，兼用重镇之药，平冲降逆。

案例

冲卫为病，气逆而里急。

青皮、金铃肉、淡吴茱萸、橘核、延胡索、乌梅、沉香、代赭石。

本案述证虽简，但是选方用药很耐人寻味，从中亦可体会冲脉用药的法度。冲脉亢逆于上，源于经气郁滞，所以重在疏达。青皮是破气消滞的峻药，吴萸功擅下气开郁，二药一寒一热、一升一降；川楝子清热行气，泄气分之热，延胡索活血行气，行血分之滞，二药亦是一寒一热，一气一血。橘核也是善于疏通下焦郁滞的药物。这五味药通过升清降浊、行气活血，可以很好解除经脉的郁滞。另外的三味药中：乌梅味酸性敛，与前面的一组气分药相伍，防止行气耗散太过；沉香与代赭石则是降逆下气治标之品。纵观全方，疏达与酸敛、镇坠合用，配伍可谓严丝合缝，滴水不漏。

4. 摄带脉每用收涩

带脉环身一周，能约束纵行之经脉，经气虚寒则诸脉纵弛不收，为瘕疝麻木，甚或痿痹废弃而成沉疴。带脉用药，重在温补的基础上，参合固摄。

案例

带脉横围于腰，维脉挟内外踝而行，劳伤受寒，脉络欹斜，不司拥护而为瘕疝，麻木不仁，非小病也，久而痿痹，废弃淹淹。

当归身、生於术、淡苁蓉、肉桂、鹿角霜。

本方以鹿角霜、肉桂温养收涩带脉，归身、苁蓉、白术补肝肾除寒湿。带脉固束，诸脉得约提携，瘕疝、痿痹可蠲。

5. 维脉病多关营卫

“维”有维系联络之意，阳维联络各阳经以归于督脉，阴维联络各阴经以归于任脉。《难经·二十九难》：“阳维维于阳，阴维维于阴，阴阳不能自相维，则怅然失志，溶溶不能自收持。阳维为病，苦寒热，阴维为病，苦心痛。”当维脉经气出现异常，常常出现阴阳失调的病象，桂枝汤调和营卫亦是调整阴阳平衡的一个切入点。所以，叶天士常用当归桂枝汤加鹿角霜、沙苑子、枸杞子等治疗，唐立三亦认为“后人以桂枝汤为治，可谓中肯”（《吴医汇讲·卷二·维脉为病论治》）。薛雪亦深谙此旨。

案例

阳维失护，自觉背脊烘热，汗则大泄出不止，汗过则周身冰冷畏寒，且不成寐，寐则气冲心跳，汗亦自止，以阴不内守，阳不护外主治。

桂枝木、鹿茸、当归身、白芍、人参、柏子仁、左牡蛎、茯神。

阳维为病，苦寒热。以阳维纲维一身之阳而司外护故也。外护不周，开泄则身热汗出，阳弱则身冷畏寒。药用桂枝、白芍调和营卫，作为本方的基本骨架。阳维虚损者，当以温补，以鹿茸补益元阳，人参、当归身充养气血，此为扶阳的一面；柏子仁、茯神、牡蛎安神敛心液，此为益阴的一面。明乎此，则阴维为病之治，自能通达。

6. 跻脉病当责肝肾

阳跻主一身左右之阳，阴跻主一身左右之阴。同时，还有濡养眼目，司眼睑的开合和下肢运动的作用。阴跻脉、阳跻脉行于下肢，对维持下肢正常的生理活动有重要作用。《灵枢·脉度》：“跻脉者，少阴之别。”所以治疗上侧重肝肾。于此，薛雪未有医案。可参考《临证指南医案·不寐门·田案》：阳跻脉空，方用龟甲胶、淡菜、熟地黄、黄柏、茯苓、山茱萸、五味子、远志；及《临证指南医案·癫狂门·朱案》：阳跻阴跻脉空，方用白芍、山茱萸、白石英、淮小麦、南枣、炙甘草。

7. 入奇脉必辅宣通

奇经为病，不外虚损、郁滞两端。奇经郁滞重在宣通，奇经虚损虽重在滋养，但薛雪说："温补佐以宣通，其力可以入八脉"，叶天士也说，奇经虚证，"必辛甘温补，佐以流行脉络""奇经为病，通因一法，为古圣贤之定例"（《临证指南医案·卷九·产后》）。可见宣通一法在奇经为病的治疗中颇为重要，薛雪多遣小茴香、香附、桂枝、茯苓、当归、续断等药。

案例

产后失调，蓐劳下损，必殃奇经，心腹痛寒热，脊酸腰痿，形肌消烁殆尽，若缕缕而治，即是夯极，凡痛宜通补，而宣通能入奇经。

沙苑蒺藜、小茴香（炒黑）、人参、麋茸、当归身、杞子（炒黑）。

又方：人参二钱，熟地五钱，紫石英一两，肉桂心七分，后加枸杞三钱。

本案中，人参、当归、杞子、熟地当是温养奇经之类，而小茴、桂心之属，苦辛芳香通络。两组药物相伍，恰如沟渠竣通，江河之水可注于湖泊也。

（二）妊娠病

妊娠期为病，重在安胎养胎。胎养之说肇始于《内经》，《金匮要略》"妊娠病篇"已有针对安胎、养胎的专方，对常见的妊娠腹痛、呕吐、下血等病证的诊治，均有详论。最早以专篇形式，以妊娠月份为纲阐述胎养之说者，莫若北齐徐之才。徐之才著《逐月养胎法》较系统地论述了胚胎生长发育过程、孕妇卫生保健和孕期疾病的防治等问题，为后世医家所推崇。

其著述虽佚，但《千金要方》《外台秘要》等书均有转载，影响较大。其后宋、明、清几代的许多著述中仍可见传承与发展，但在今日《中医妇科学》中鲜有论及。在薛雪治疗妊娠病的医案中，根据妊娠不同月份的生理特点调治妊娠病证，达到安胎、养胎目的的特点比较突出，兹举以下二例。

案例 1

妊交三月。

苏梗、白芍（炒）、茯苓、砂仁末、生谷芽、广皮。

丸方：生地黄、天门冬、制首乌、川石斛、桑叶、阿胶、胡麻、女贞子、茯神，蜜丸服。

案例 2

怀妊五月，昼夜身热，据述病起恶阻呕吐，吐止热来。思五月足太阴司胎，木火犯中，营卫自怯，必致胎不育长。滋养血液，佐以清肝胆气中之热。

小生地、白芍、麦冬、阿胶、条芩、胡黄连。

案 1 述症极简，仅有妊交三月一语，此时正是胞胎初成之时，此时孕妇多有择食、厌食、恶心欲吐等症状，严重者会有妊娠恶阻之证。多因孕后血聚养胎，冲脉气盛而上逆，胃失和降而致。所以此时一方面要补肝血、滋肾阴，既可充养胎元，又能涵养冲脉之逆气；另一方面针对厌食、呕恶等症要行气和胃、降逆止呕。所以薛雪采用了汤丸两法并用。汤剂中苏梗、砂仁、陈皮皆是行气和胃之品，白芍养血柔肝，茯苓健脾渗湿，谷芽消食开胃，药味不多，但配伍严密、组方精巧，意在治标。丸方则是在桑麻丸基础上加味而来，皆为滋肾阴、养肝血之品，选药滋而不腻、温凉适宜，意在图本。汤丸相伍，不仅去除了呕恶、厌食等脾胃症状，同时调整了脾胃功能，进而更好地利用滋阴养血之品，化生气血，充养胎元。案 2 病起于恶阻呕吐，直到妊娠五月后，吐止热来。恐患者平素肝血偏弱，肝阳偏亢，孕后血虚肝旺益显，肝木伐于脾土，故有恶阻之证；吐止热来，说明病情由气及血，阴虚阳亢，故而昼夜身热，而脾胃症状变得不明显。薛雪一方面养血平肝，所选之生地、麦冬、白芍皆是凉营养血之品，并无熟地、当归等温性之品；另一方面在清热药的选择上也颇具匠心，胡连善退虚热自不待言，而黄芩亦入血分，《本经疏证·卷七》言仲景用黄芩有三耦："气分热结者，与柴胡为耦""血分热结者，与芍药为耦""湿热中阻者，与黄连为耦"。而此时，恰是热在血分、正是芩芍相伍，薛雪对仲景之学的继承，于此可见一斑。"思五月足太阴司胎"一语，显然是来自徐之才《逐月养胎法》，由此推断肝木克伐脾土，必致胎元失养。

（三）产后病

产后因亡血伤津、元气受损、瘀血内阻而致的"多虚多瘀"的病机特点，是产后病发生的基础。产后病的治疗多宗"勿拘于产后，亦勿忘于产后"的原则，不离补虚与化瘀两端。薛雪产后病医案也不外这两类，兹举两例以示法。

案例 1

自产后五日，恶露渐少，遂卒然右胁下痛引少腹，手不可按，身体不能转侧。此乃卧着于右太早，致败血横行入络，痛甚神迷昏乱，皆瘀腐浊气，上冒胞络矣。此属产后重病，夫通则不痛，议宣通脉络之壅。

黑豆皮、西琥珀末、生蒲黄、乳香、苏木、益母草、五灵脂。

案例 2

产后下焦阴亏，焦烦思虑，阳升内风皆动，上盛下衰，久延为厥。

石决明、小生地、茯神、龟板、阿胶、天冬、白芍。

案 1 是比较典型的瘀血阻于胞宫、恶露不尽之证。"右胁下痛引少腹，身体不能转侧"是血瘀肝经之明证；"痛甚神迷昏乱"则是瘀血阻络，郁而化热，热扰神明之象。猝然起病属急，急则治其标，"手不可按"为实，实则泻之。所选方剂是失笑散加味，方中加用了多味如琥珀、乳香、苏木、益母草等活血通经之品，意在迅速化瘀破血，宣通脉络之壅闭。方中的黑豆皮是滋养肝阴之品，意在顾及产后失血，充分体现了薛雪对“勿拘于产后，亦勿忘于产后”原则的把握。案 2 是由于产后阴血亏虚于下，虚阳偏亢于上的上盛下虚之候。方中既有平潜肝阳之石决明、龟板治其标，又有养阴补血的生地、阿胶、天冬、白芍培其本，辅以茯神安神除烦，可谓丝丝入扣、法度严整。

（四）月经病

月经病是多以月经的周期、经期、经量异常为主症，或伴随月经周期出现明显症状为特征的一类妇科疾病。其涉及的范围很广，诊治过程中也重在分清先于他病或后于他病。萧壎在《女科经纶·月经门·调经莫先于去病论》曾云：“妇人有先病而致经不调者，有月经不调而生诸病者。如先因病而后经不调，当先治病，病去则经自调。若因经不调而后生病，当先调经，经调则病自除。”从薛雪病案来看，他亦很关注月经病与全身病的关系，从其中数量较多的闭经验案来看，并不是一味活血通经，多结合全身情况，从整体上分析闭经的原因，故而其治法也是丰富多彩、颇具章法。

1. 补土健脾，滋其化源

脾胃为气血生化之源，脾胃素弱或饮食劳倦、忧思过度伤及脾气，气血化源不足，以致营血不足，血海空虚，不能按时满溢，致成经闭。正如《兰室秘藏·妇人门·经闭不行》云：“妇人脾胃久虚，或形羸气血俱衰，而致经水断绝不行。”治疗当健脾益气，充养血海，滋补后天之本，使血海按时满溢。

案例

泄泻减食，经水不来。而寒热咳嗽，日无间断，据说嗔怒病起，其象已是劳怯，郁劳经闭，最不易治。

人参、冬术（蒸）、广皮、茯苓、炙甘草、白芍。

患者起病于泄泻减食，显是脾气受损、失于运化之象。脾失化源，血海不充，经水不来；同时土不生金，母病及子，出现“寒热咳嗽、日无间断”等肺劳之象。起病的诱因中有嗔怒的因素，郁怒伤肝，肝气不舒，克伐脾土，脾虚益甚。所以此闭经一证，虚中夹郁，健脾益气的同时，还要柔肝解郁，以异功散加用白芍，以期日久脾气渐复，气血渐充，经水畅达。

2. 温养肝肾，流通气血

肝肾同居下焦，肝主藏血，肾主藏精，精血相生，肝肾同源。肝主疏泄，肾司闭藏，一开一阖，一泄一藏，肝肾协调，以维持月经的定期藏泻。且肝肾为冲任之本，冲为血海，与肝经关系密切。任主胞胎，与肾经直接有关。临床上往往通过滋补肝肾以体现调养冲任，补肾法与养肝法往往配合同施，用于冲任虚寒，精血虚损兼有寒凝之证。

案例

悒郁内损经阻，筋胃皆痛，损伤不复，即起劳怯，温养流通，望其郁痹气血和融。若但清热见血理嗽，百无一治。

当归、生杜仲、桑寄生、枸杞子（炒）、生鹿角。

病起于悒郁，肝气不舒，肝血暗耗，血不养筋，肝气犯胃，所以出现筋胃皆痛。日久出现经阻，当责之于肝血虚损。治疗中既要考虑到温补肝阴、肝血，选用了当归、枸杞，还要虑及精能生血，配合温补肾气，选用了杜仲、寄生，化精生血。生鹿角既可补肾益精，又有较好的行血化瘀之效。诸药相伍，使精血得养，经脉得温，充分体现了“温养流通”四字的意义。

3. 温通阳气，宣浊导滞

气为血帅，气运乎血，血本随气以周流，气行则血行，气滞则血滞，气血凝滞，不惟经血不畅，亦会由于阳不化湿，湿浊内生，阻碍血行。此时单纯使用活血药，力多有不逮，如能配合温宣阳气之品，既可帅血而行，又能化湿宣浊。收一石二鸟之效。

案例

经迟，既通两日骤止，新婚未及半月，溲溺痛，腹中有形，恐延淋带，当通阳宣浊。

老韭白、两头尖、小茴香（炒黑）、杜牛膝、当归须、益母草。

患者新婚未及半月，房劳虚损，自不待言，此时出现经迟，并不足虑。值得注意的是“既通两日骤止”，骤止或由经期贪凉喜冷，寒遏经脉，或有积聚阻碍血行。进一步诊察，病家溲溺痛，此为湿浊下注的明证，腹中有形一证，恐是阳气失宣，痰湿或气血凝聚不散。湿浊盘踞下焦，日久则会发展为淋证、白带诸证。此时使用活血药自不待言，薛雪选药十分精当，当归须活血而能补血，杜牛膝、益母草活血之中皆有利湿通淋之效，既可缓解小便淋痛，又给湿邪以出路。所配伍的三味温通阳气之品也是独具匠心。两头尖大辛大热，本是治疗风湿痹痛之药，此处借起辛散走窜之性，畅达阳气，宣散湿浊。老韭白恐是老薤白之误，亦是通阳宣痹佳品，仲景治疗胸痹颇为倚重。《本草求真·上编·卷三·温散》云：“薤，味辛则散，散则能使在上寒滞立消；味苦则降，降则能使在下寒滞立下；气温则散，散则能使在中寒滞立除；体滑则通，通则能使久痼寒滞立解。”小茴香则是暖肝散寒、治疗妇人寒凝胞宫的常用药。如果说两头尖、薤白偏于走，则小茴香偏于守。三药相伍，走守兼备，如离照当空，阴霾自散。本方选药精当、配伍严密，令人称奇。

4. 养阴清热，润燥活络

素体阴虚，或因失血，或久病营血亏耗，或罹患劳瘵骨蒸，或误用辛燥伤阴，阴虚生热，燥灼营阴，血海渐涸，月经由少以致停闭，并见五心烦热，盗汗颧红，舌红苔少，脉细数等虚热证象。若阴虚日久，精血亏损，虚火内炽，致成阴虚劳热，可见形体羸瘦，骨蒸潮热，或咳嗽唾血等证。如《景岳全书·卷三十八·妇人规·血枯经闭》所云："正因阴竭，所以血枯……或以咳嗽，或以夜热。"治疗上应在养阴清热基础上，辅以润燥活络。

案例

怒劳血吐成升，月余再吐，自述少腹常痛，夜必身汗出。必经水得通，可免干血劳怯。

鳖甲（醋炙）、山楂肉（炒）、胡黄连、桃仁（炒）、延胡索（炒）、茺蔚子。

本案有明显的失血史，不仅量大，而且前后两次，血海空虚，经水无源。少腹痛应是阴血亏虚、脉络失养之故，夜必身汗当是阴虚火旺、迫津外泄之盗汗。薛氏认为治疗的目标是"经水得通"，这只是一个信号和标志。经水得通，意味着阴血渐复，血海满溢。此时养阴清热如太过，可寒遏血脉，成一潭死水；活血如偏于辛温燥烈，复易伤血，治疗上较难拿捏尺度。从处方来看，薛氏以鳖甲、胡连滋液养阴、清退虚热，楂肉、桃仁、茺蔚子多是果实类药物，取其濡养脉络，润燥活血。延胡索主要取其活血止痛。总体上看，养阴补血之力稍显不足，但其用果实类的润燥活络之品，耐人寻味。

5. 滋阴补血，柔肝养胃

本法所针对的适应症，在成因和病机方面与前法有相似之处，是一个矛盾的两个方面。前者重在清热除蒸，后者重在养阴补血。

案例

经来甚少，脉左坚搏仍然，咳呛嗽涎沫，夜热汗出，肝血肉枯，已属劳损。宜进甘缓，以养肝胃，令其纳谷，庶可望愈。若见热投凉，希图治嗽，胃伤速惫矣。

生地、沙苑蒺藜、女贞子、阿胶、石斛、黑栀。

本案月经量少，脉左坚搏显是心肝血虚，脉道不充之象。咳嗽、盗汗、肉枯已现阴虚劳热之征。此时如果一味投以滋腻养阴之品，不仅阴血不复，且滞脾碍胃，脾胃失于运化，气血失于化源，诸证益重。所以此时薛雪提出“宜进甘缓、以养肝胃、令其纳谷”的重要治疗思想，俟胃阴复、脾气健、肝血充，诸证遂瘳。从处方来看，亦能看出薛雪在充养肝阴肝血的同时，注重滋养胃阴，阳明燥土，得阴自安。另外在大队补阴药之列，又有一味温补肝肾的沙苑子，暗合景岳“善补阴者，必于阳中求阴，则阴得阳生而泉源不竭”之意，不可不察。

薛雪

后世影响

一、历代评价

薛雪以其《湿热论》名世，成为有清一代著名的温病学家。后世对其评价基本呈现两种情况：

一方面是其后人受到重理学、轻技艺思想的影响，轻于表述薛雪在医学上的成绩。其孙薛寿鱼在撰写薛雪墓志铭时“无一字及医”，《吴医汇讲》也转述了其曾孙的论断“不屑以医自见，故无成书”，这也引发了后世对《湿热论》是否为薛雪所作的怀疑。陆懋修就曾指出，“叶、薛、缪三家医案，非特用药之谬，彼此相似，即词句间亦多有雷同。明是一付笔墨，不问可知。”“若一瓢薛先生，则著作才也。乃亦传有《湿热条辨》一册，自条自辨。其语句、药物与《温证论治》大略相同，岂薛先生有此不合体裁之作耶……安知非即顾与吴一流人假托明贤，使为嚆矢。”(《世补斋医书·文十六卷》)

另一方面，与薛雪过从甚密的袁枚则对其有很高的评价：“子之大父一瓢先生，医之不朽者也（《与薛寿鱼书》)。”《清史稿》中亦称其“博学多通，于医时有独见。断人生死不爽，疗治多异迹（《清史稿·卷伍佰二十·列传二佰八十九》)。”很多医家对《湿热论》的学术价值给予了很高的评价。如章虚谷指出，“吴门薛生白先生，有《湿热条辨》三十五则，论治甚详，宜参究之”(《医门棒喝初集·卷二·温暑提纲·证治大法·湿温》)，“惟吴门薛生白著《湿热条辨》，以太阴阳明为主治，实为治暑之准绳。其论证也确，其辨治也当，有合乎圣经之理法者矣”(《医门棒喝二集·卷七·暑病源流论》)。《南病别鉴》收载了薛氏《湿热论》一书，书末有李清俊题跋，也表达了同样的感受："其见之也确，其言之也详，其治之也各得其宜，可为后世法，莫能出其范围者。"任应秋先生认为"湿热之变因多端，能得其治疗之要者，此作之外，殊不多觏"，并荐曰："尤宜习之而不可废"。

综合以上两种评价，结合自己对薛雪治学、行医历程的研究，笔者有两点认识：首先，薛雪深受"德成而上、艺成而下"思想影响，所以其后人对其"不屑以医自见"的评价绝非空穴来风。其次，无论《湿热论》是否是薛雪所作，其学术价值毋庸置疑，其在中医温病学说理论框架中的地位举足轻重。最后笔者还是想用一段薛雪与袁枚的对话，让薛雪自己点评自己从医的心路，"我之医即君之诗，纯以神行，所谓人居屋中，我来天外"（《随园诗话·卷五·第七》）。

二、学派传承

中医学对于外感温热病的研究源于《内经》时期，温病学说的确立可以追溯到金元之际，但是温病学派的真正兴起始自明末。特别是清代中叶，随着江南吴中医家对热病研究的日益兴盛，温病学说日趋成熟，其中最具代表性的便是叶天士与薛雪两家。前者著《温热论》，创卫气营血辨证，使温病的辨治理论从伤寒六经辨治中独立出来；后者著《湿热论》，弥补叶天士详于温热、略于湿热的不足，对湿热病的病因病机、发病特点、传变规律、辨证立法、遣方用药做了系统地阐发。这两本著作共同奠定了温病学说的理论基石，其后的很多温病学著作多是将两者等量齐观，常常一并收录做解。比如陈平伯《温热病指南集》（1809）、茅雨人《感症集腋》（1815）、潘道根《湿热、温热论二论批本》（1833）、章虚谷《医门棒喝》二集（1835）、王孟英《温热经纬》（1852）、宋兆淇《南病别鉴》（1878）、吴锡璜《中西温热串解》（1921）等等，可见由叶、薛二人创立的温热、湿热的两大纲领贯穿温病学理论发展的始终。集温病学说大成的吴鞠通，正是将温热、湿热以三焦辨证统论一处，其选方用药多学于叶氏《临证指南》，而三焦辨证实来源于薛雪之《温热论》。由此可见，薛雪与其《湿热论》对温病学派的发展、成熟、传承可谓影响至深，他与叶天士一起成为温病学派的中坚，堪称吴医双璧、一时瑜亮。

三、后世发挥

薛雪的《湿热论》成书后，可能只有抄本流传，至今未见同治年之前的单行本。嘉庆年间，徐行刊刻《医学蒙求》(1809)、舒松摩重刻《医师秘笈》(1812)时，刊载是论。其后《感症集腋》、潘道根《湿热、温热论二论批本》、宋兆淇《南病别鉴》等书均有刊载。道光年间，章虚谷在《医门棒喝》二集中首注是论。另外，陈平伯的《温热病指南集》亦有“湿温症条例”，旧题“江白仙先生鉴定”，其内容是保留了薛氏《湿热论》中的19条，加入了自己颇有心得的12条，吴金寿在刊刻《三家医案合刻》(1831)时，将此部分收入，附于书后，名之为《温热赘言》。这就是王孟英在刊刻《温热经纬》时提到的江本、吴本的来历。王孟英将陈平伯所作的12条中的11条，与《医师秘笈》中的35条，合二为一，成为一个46条的文本，名之为《薛生白湿热病篇》，并为之作注，此本对该书的流传意义重大。清代的王旭高将该书证治方剂编成歌诀，是为《薛氏湿热论歌诀》，有一定影响。解放后，全国中医院校《温病学》教材都选有《湿热论》原文并作注。二百多年来，后世对薛氏学术思想的发挥可归结为两方面：

（一）薛雪湿热类温病诊疗理论的拓展应用

薛雪在《湿热论》中，阐发了湿热类温病的发生、发展、辨治的一般规律，初步构建了湿热类温病的诊疗理论，其后的温病学家在此基础上，对湿热类温病中的具体疾病（如湿温）多有阐发，使得温病理论体系不断完备和丰富。近现代的名医丁甘仁、章次公、李聪甫等在薛氏湿热病诊疗理论指导下，治疗湿温病多获效验。系统总结《湿热论》的学术思想不仅对于研究湿热类温病意义重大，对于丰富内伤杂病中湿热证的证治方法也有很强的实践意义。

（二）三焦辨证理论的进一步完善

三焦辨证由刘完素在其《三消论》中肇始其端，之后罗天益亦有发挥。《湿热论》中蕴含的三焦辨证方法为这一辨证理论的完备奠定了重要基础。其后的吴鞠通在此基础上，将薛雪用于湿热类温病的三焦辨证方法应用于其它类的温病，使这一辨证理论得以最终完善。三焦辨证方法不仅适用于温病的辨治，也同样可以应用于其它内伤疾病的辨治，对于临床实践的指导，意义深远。

选择研究薛雪的学术思想，是一个偶然的机会。开始这份工作前，对其认识也紧紧止于《湿热论》中的只言片语。尽管围绕着薛雪，一直以来亦有很多悬而未决、争执不下的问题。比如，《湿热论》究竟是否是其著作、薛雪医案的真伪、叶薛交恶的传闻……对此，笔者采取了就事论事的原则，重在将这些医论、医案中的学术思想本体展示清楚。当我深入阅读其学术著作、逐渐走入其世界后，笔者折服于其对湿热病辨治规律的深入阐发，折服于其在医案中的生花妙笔，独具匠心，同时他博学多才、允文允武的人生经历，诗酒流连，大开大合的人生境界，援儒入医，医文并举的成才之路，也给笔者留下了深刻的印象。在《湿热论》自序中，薛雪自比老鹤，“长唳一声，横空而来”，一股豪气跃然纸上，这在其它医家的著作中是鲜见的，于此也可窥见薛雪独特个性之一斑。所以，对于这样一位极富个性的医家学术思想研究是非常必要的，同时也是颇具难度的。囿于自己的学识与能力，对薛雪的研究必有挂一漏万、未中肯綮之处，恳请方家不吝赐教，在今后的工作与学习中进一步修正完善。

薛雪

参考文献

［1］清·薛雪辑注；洪丕谟，姜玉珍点校．医经原旨［M］．上海：上海中医学院出版社，1992.
［2］清·薛雪．扫叶庄医案［M］．上海：上海科学技术出版社，2010.
［3］清·章楠编撰；清·王孟英评点．增批评点伤寒论本旨［M］．宣统元年己酉蠡城三友斋石印本，1909.
［4］隋·巢元方．诸病源候论［M］．北京：人民卫生出版，1955.
［5］唐·王焘．外台秘要［M］．北京：人民卫生出版社，1955.
［6］明·李中梓．内经知要［M］．北京：人民卫生出版社，1955.
［7］东汉·张机．金匮要略方论［M］．北京：人民卫生出版社，1956.
［8］唐·孙思邈．备急千金要方［M］．北京：人民卫生出版社，1956.
［9］宋·庞安时．伤寒总病论［M］．北京：商务印书馆，1956.
［10］金·李杲．脾胃论［M］．北京：人民卫生出版社，1956.
［11］清·王士雄．温热经纬［M］．北京：人民卫生出版社，1956.
［12］清·尤在泾．金匮翼［M］．上海：上海卫生出版社，1957.
［13］清·邹澍．本经疏证．上海：上海卫生出版社，1957.
［14］宋·王怀隐等．太平圣惠方［M］．人民卫生出版社.1958.
［15］明·秦景明撰；秦皇士辑．症因脉治［M］．上海：上海科学技术出版社，1958.
［16］清·李用粹．证治汇补［M］．上海：上海卫生出版社，1958.
［17］宋·王惟一撰；明·王九思等辑．难经集注［M］．北京：人民卫生出版社，1959.

[18] 元·朱震亨.丹溪心法[M].上海：上海科学技术出版社，1959.
[19] 明·王肯堂.证治准绳[M].上海：上海科学技术出版社，1959.
[20] 明·张介宾.景岳全书[M].上海：上海科技出版社，1959.
[21] 清·袁枚.随园诗话[M].北京：人民文学出版社，1960.
[22] 蒲辅周撰；高辉远整理.中医对几种急性传染病的辨证论治[M].北京：人民卫生出版社，1960.
[23] 黄帝内经素问[M].北京：人民卫生出版社，1963.
[24] 灵枢经[M].北京：人民卫生出版社，1963.
[25] 明·张介宾.类经[M].北京：人民卫生出版社，1965.
[26] 清·永瑢等.四库全书总目提要[M].北京：中华书局，1965.
[27] 清·王泰林撰；陆晋笙订正.西溪书屋夜话录[M]//王旭高医书六种[M].上海：上海科技出版社，1965.
[28] 清·柳宝诒撰；张耀卿整理.柳宝诒医案[M].北京：人民卫生出版社，1965.
[29] 清·撰；徐灵胎评.临证指南医案[M].上海：上海人民出版社，1976.
[30] 宋·严用和.重订严氏济生方[M].北京：人民卫生出版社，1980.
[31] 清·王子接编注；李飞点校.绛雪园古方选注[M].上海：上海科学技术出版社，1982.
[32] 东汉·张机撰；上海中医学院伤寒温病教研组校注.伤寒论[M].上海：上海科学技术出版社，1983.
[33] 清·唐笠山编撰；丁光迪点校.吴医汇讲[M].上海：上海科学技术出版社，1983.
[34] 宋·太平惠民和剂局编；刘景源点校.太平惠民和剂局方[M].北京：人民卫生出版社，1985.

[35] 陈道瑾，薛渭涛．江苏历代医人志［M］. 南京：江苏科学技术出版社，1985.

[36] 清・章楠撰；文杲，晋生点校．医门棒喝初集［M］. 北京：中医古籍出版社，1986.

[37] 宋・张锐．鸡峰普济方［M］. 上海：上海科学技术出版社，1987.

[38] 清・黄宫绣．本草求真［M］. 北京：人民卫生出版社，1987.

[39] 清・林珮琴．类证治裁［M］. 北京：人民卫生出版社，1988.

[40] 清・王士雄撰；陆芷青，刘时觉点校．王孟英医案［M］. 上海：上海科学技术出版社，1989.

[41]《吴中医集》编写组编．吴中医集・温病类［M］. 南京：江苏科技出版社，1989.

[42] 明・吴有性撰；孟澍江，杨进点校．温疫论［M］. 北京：人民卫生出版社，1990.

[43] 清・张秉成编著；李飞，瞿融点注．成方便读［M］. 南京：江苏科学技术出版社，1990.

[44] 清・陈士铎．石室秘录［M］. 北京：中国中医药出版社，1991.

[45] 何时希．中国历代医家传录（下）［M］. 北京：人民卫生出版社，1991.

[46] 清・张璐．张氏医通［M］. 上海：上海科技出版社，1993.

[47] 清・徐忠可撰；邓明仲等点校．金匮要略论注［M］. 北京：人民卫生出版社，1993.

[48] 清・王士雄编撰；陈明见点校．随息居重订霍乱论［M］. 北京：人民卫生出版社，1993.

[49] 宋・郭雍撰；聂惠民点校．伤寒补亡论［M］. 北京：人民卫生出版社，1994.

[50] 清·沈金鳌.杂病源流犀烛[M].北京：中国中医药出版社，1994.
[51] 明·王纶撰；沈凤阁点校.明医杂著[M].北京：人民卫生出版社，1995.
[52] 明·李梴.医学入门[M].北京：中国中医药出版社，1995.
[53] 清·张璐撰；赵小青，裴晓峰校注.本经逢原[M].北京：中国中医药出版社，1996.
[54] 清·萧埙撰；郭瑞华点校.女科经纶[M].北京：中医古籍出版社，1999.
[55] 清·陆懋修.世补斋医书·文十六卷//王璟主编.陆懋修医学全书[M].北京：中国中医药出版社，1999.
[56] 金·李杲撰；刘更生，臧守虎点校.兰室秘藏[M].天津：天津科学技术出版社，2000.
[57] 清·罗美编撰；田代华等点校.古今名医方论[M].天津：天津科学技术出版社，2000.
[58] 明·缪希雍撰；郑金生校注.神农本草经疏[M].北京：中医古籍出版社，2002.
[59] 明·贾所学.药品化义//续修四库全书·子部·医家类（总第990册）[M].上海：上海古籍出版社，2003.
[60] 明·李时珍.本草纲目（校点本上、下册）[M].北京：人民卫生出版社，2004，第2版.
[61] 金·刘完素.素问玄机原病式[M].北京：人民卫生出版社，2005.
[62] 金·张子和.儒门事亲[M].北京：人民卫生出版社，2005.
[63] 明·赵献可.医贯[M].北京：人民卫生出版社，2005.
[64] 明·倪朱谟撰；郑金生，甄雪燕，杨梅香点校.本草汇言[M].北京：中医古籍出版社，2005.

［65］明・缪希雍．先醒斋医学广笔记［M］．北京：中国中医药出版社，2006.

［66］民国・张山雷编撰；程东旗点校．本草正义［M］．福州：福建科学技术出版社，2006.

［67］清・著；张志斌整理．温热论［M］．清・薛雪著，张志斌整理．湿热论［M］．北京：人民卫生出版社，2007.

［68］民国・曹炳章．暑病证治要略［M］.// 肖永芝主编．温病大成（第三部）［M］．福州：福建科技出版社，2007.

［69］清・也是山人．也是山人医案［M］．上海：上海科技出版社，2010.

［70］清・叶桂，缪希雍，薛生白著；吴金寿辑．三家医案合刻［M］．上海：上海科技出版社，2010.

［71］王吉民．薛生白小传和他的生卒考［J］．江苏中医，1963（5）：25.

［72］徐荣斋．薛生白未刊稿《膏丸档子》介绍［J］．江苏中医，1963（6）：40.

［73］任应秋．学习温病应该读哪些书．哈尔滨中医［J］，1964，7（6）：2.

［74］黄一梅．薛生白《湿热病篇》治法初探［J］．浙江中医药，1979，5（8）：290.

［75］陆文彬．关于《湿热论》著作的考证［J］．中华医史杂志，1980，10（2）：102.

［76］沈仲圭．薛生白《湿热论》研讨［J］．成都中医学院学报，1980（4）：19.

［77］张志远．温病学派四家传・上［J］．山东中医学院学报，1981（1）：36.

［78］顾泳源．对《温病学派四家传・薛雪》的一点意见［J］．山东中医学院学报，1981（4）：24.

[79] 王辉武.略谈《湿热病篇》的学术特点[J].成都中医学院学报，1981（2）：16.
[80] 王英志.薛雪《一瓢诗话》初探[J].学术月刊，1982（2）：52.
[81] 陆念椿.《清代名医医案精华·薛生白医案》订正[J].浙江中医杂志，1982，18（6）：283.
[82] 吴润秋.薛生白医著考[J].中华医史杂志，1982，12（4）：243.
[83] 吴润秋.《湿热论》学术思想研究[J].贵阳中医学院学报，1982（4）：22.
[84] 吴润秋.薛生白学术思想研究[J].湖南医药杂志，1982，9（5）：35.
[85] 欧阳琦.薛生白《湿热病篇》简析[J].浙江中医杂志，1982，17（7）：307.
[86] 代桂满.薛生白《湿热病篇》论治初探[J].河北中医，1982（3）：49.
[87] 李荣光.学习《湿热病篇》第四条的启发[J].成都中医学院学报 1982（1）：33.
[88] 沈仲圭.薛生白《湿热论》的研讨[J].浙江中医学院学报，1983（2）：9.
[89] 郭谦亨.薛生白《湿热病篇》词解[J].现代中医药，1983（5）：4.
[90] 肖照岑.《湿热病篇》学术思想探讨[J].天津中医学院学报 1984（1）：14.
[91] 陆乃器.薛生白《温热病篇》[J].新中医，1984（8）：42.
[92] 常振森.《湿热病篇》学习心得[J].广西中医药，1984，7（1）：40.
[93] 沈庆法.外感热病重内伤——一瓢先生的湿热证发病观[J].上海中医药杂志，1984（1）：37.
[94] 张孝芳."扫叶""踏雪"辨[J].中华医史杂志，1985，15（2）：69.
[95] 赵立勋.《湿热条辨》学术渊源及特点[J].成都中医学院学报，1985（1）：5.
[96] 赵立勋.《湿热条辨》学术特点探要[J].浙江中医杂志，1985，20（6）：270.
[97] 李士懋.薛生白《湿热病篇》传变规律初探[J].内蒙古中医药，1985（2）：1.

［98］韩葆贤．薛雪治咳医案浅识［J］．吉林中医药，1985（6）：32.

［99］孔庆玺．薛生白《湿热病篇》浅探［J］．云南中医学院学报，1986，9（2）：4.

［100］戴桂满．从薛生白《湿热病篇》谈气化湿亦化［J］．黑龙江中医药，1986（5）：7.

［101］张绍杰．浅谈薛生白治疗湿热病的用药特点［J］．新疆中医药，1986（4）：3.

［102］牟克祥．《湿热病篇》痉厥证治初探［J］．四川中医，1986（5）：4.

［103］王景洪．薛生白《湿热病篇》的用药规律浅探［J］．陕西中医，1986，7（11）：521.

［104］吴润秋．薛生白未刊稿《伤科方》介绍［J］．中华医史杂志，1987，17（1）：37.

［105］郁觉初．薛生白湿温病辩治浅析［J］．安徽中医学院学报，1987，6（1）：7.

［106］付晓晴．薛生白湿热病治法十一则［J］．天津中医学院学报，1987（2）：20.

［107］沈洪．薛雪治疗湿热病经验管窥［J］．福建中医药，1987（2）：56.

［108］马大正．薛生白妇科奇经病的治疗经验介绍［J］．浙江中医学院学报，1987，11（5）：38.

［109］张廷浒．薛雪用菖蒲的经验［J］．浙江中医杂志，1987，22（5）：234.

［110］顾泳源．薛生白治疗痰饮喘咳经验［J］．江苏中医杂志，1987（12）：36.

［111］朱伟常．薛雪论养生［J］．上海中医药杂志，1987（7）：39.

［112］赵主勋．《湿热条辨》为薛生白所著的几点质疑［J］．成都中医学院学报，1988，11（3）：3.

［113］董锡玑．第十二讲湿热病篇［J］．山东中医杂志，1988（1）：55.

[114] 王振国.薛雪学术思想相同点例析[J].山西中医，1988，4（4）：7.
[115] 王淑清.《湿热病篇》释疑（一）[J].中医函授通讯，1988，（1）：42.
[116] 王淑清.《湿热病篇》释疑（二）[J].中医函授通讯，1988，（2）：7.
[117] 郭谦亨.薛生白《湿热病篇》解疑[J].现代中医药，1988（4）：57.
[118] 郭谦亨.薛生白《湿热病篇》析疑（续）[J].现代中医药，1988（5）：6.
[119] 季哲生.试论《湿热条辨》对脾胃病学的贡献[J].南京中医学院学报，1988（4）：8.
[120] 冀敦福.《湿热病篇》治湿思想探析[J].天津中医学院学报，1988（4）：11.
[121] 赵聚山.略论《湿热病篇》遣方用药特点[J].江苏中医，1988（10）：5.
[122] 刘庆田.读《湿热病篇》临证偶拾[J].湖南中医杂志 1988（4）：7.
[123] 吴成.《湿热病篇》二经之“表”“里”正义[J].广西中医药，1989，12（4）：31.
[124] 邱模炎.《湿热条辨》营血证类析[J].陕西中医，1989，10（12）：541.
[125] 李文学.三甲散治愈顽固性舌强舌麻[J].四川中医 1990，8（4）：封三.
[126] 张志远.薛雪生平小考[J].浙江中医学院学报，1991，15（1）：36.
[127] 赵晓梅.《湿热病篇》保津养阴思想探析[J].天津中医学院学报，1991（1）：15.
[128] 李燕林.《湿热病篇》神志类症证治探讨[J].天津中医学院学报，1991（3）：9.
[129] 马忠革.《湿热病篇》辨证程序初探[J].湖南中医学院学报，1992，12（2）：8.
[130] 严婉英.薛生白治湿温十法[J].上海中医药杂志，1992（4）：28.

[131] 杨惠民. 谈《湿热病篇》辨证和用药特色［J］. 河北中医，1992，14（5）：38.

[132] 徐天景. 江南夏月良方——五叶芦根汤［J］. 上海中医药杂志 1992（6）：6.

[133] 王景宜. 叶天士与薛生白温病学术思想的比较研究［J］. 广西中医药，1993，16（1）：34.

[134] 吴明华.《湿热病篇》治疗湿热病神昏诸法浅析［J］. 浙江中医学院学报，1993，17（2）：37.

[135] 陈琮赠. 薛生白误诊中暑，符某医清散建功［J］. 中医函授通讯，1993（2）：24.

[136] 余韵星. 略论"肺胃不和"［J］. 北京中医杂志，1994（1）：20.

[137] 唐建军. 薛生白《湿热病篇》遣方用药规律探析［J］. 辽宁中医杂志，1994，21（2）：56.

[138] 王新月.《湿热病篇》辨治湿热痉证分析［J］. 中医函授通讯，1994（3）：2.

[139] 苏云放. 叶薛二氏治疗湿温病特色之探析［J］. 江苏中医，1994，15（5）：37.

[140] 刘庆田. 五叶芦根汤运用体会［J］. 广西中医药 1994，17（1）：36.

[141] 周茂福. 试探《湿热病篇》的学术特点［J］. 江西中医药，1995，27（2）：54.

[142] 李士懋. 再析薛生白《湿热论》传变规律［J］. 河北中医学院学报，1995，10（4）：1.

[143] 王永柏. 湿温高热治验［J］. 四川中医 1995（10）：32.

[144] 尹士强.《湿热病篇》"下泉不足"之我见［J］. 中医函授通讯，1996（3）：8.

［145］牟克祥．论薛生白对痉厥证治的贡献［J］．中医文献杂志，1996（1）：20.
［146］冯明．《碎玉篇》作者真伪质疑［J］．中医文献杂志，1997（1）：11.
［147］史常永．薛生白医案最早传抄本——兼及《碎玉篇》［J］．中医文献杂志，1997（4）：19.
［148］肖培新．《湿热病篇》寒湿证辨治规律初探［J］．中医研究，1997，10（3）：10.
［149］刘炳凯．《湿热病篇》辨证论治规律探讨［J］．甘肃中医，1997，10（4）：1.
［150］肖培新．薛雪《湿热病篇》“层次”辨证规律探讨［J］．北京中医药大学学报，1997，20（5）：30.
［151］冯明．《湿热病篇》六一散运用原因和规律探析［J］．中医函授通讯，1997，16（6）：10.
［152］冯明．试论《湿热病篇》对温热类温病治疗的指导意义［J］．中医药研究，1997，13（6）：7.
［153］黄根柱．名医薛雪高寿有术［J］．家庭医学，1997（21）：36.
［154］只堪．薛雪诗与徐灵胎［J］．医古文知识，1998（3）：16．
［155］董锡玑．“主客浑受”与“主客交”小识［J］．中医药学报，1998（4）：4.
［156］董锡玑．“肺不受邪”质疑［J］．山东中医药大学学报，1998，24（5）：341.
［157］费振钟．南园一雪［J］．苏州杂志，2006（6）：68.
［158］孙立亭．薛雪润肺方治疗慢性支气管炎干咳无痰 52 例［J］．吉林中医药 1999（1）：15.
［159］江红兵．《湿热病篇》运用养阴药规律初探［J］．四川中医，2001，19（1）：2.
［160］朱炳林．人以言爱人以德［J］．浙江中医杂志，2001（6）：272.

[161] 俞志高.吴中名医薛生白[J].中医文献杂志，2002(1)：54.
[162] 金淑琴.《湿热病篇》生津滋阴法及临床应用[J].陕西中医，2002，23(12)：1135.
[163] 朱炳林.薛生白用甘药经验探讨[J].浙江中医杂志，2002(1)：1.
[164] 刘景源.温病学的形成与发展及文献版本源流(三)[J].中医教育，2003，22(2)：47.
[165] 冯明.薛生白医案真伪辨[J].山西中医学院学报，2003，4(1)：4.
[166] 夏永泉.探析“膜原——三焦门户”说[J].浙江中医杂志，2003(8)：326.
[167] 朱炳林.薛生白治虚劳重脾胃经验探讨[J].中医药通报，2003，2(2)：108.
[168] 李树强.与薛雪温病学术思想比较[J].甘肃中医，2004，17(10)：1.
[169] 朱炳林.薛生白治病究体质经验探讨[J].江西中医药，2004，35(10)：11.
[170] 廖荣鑫.《湿热条辨》论述外感湿热病初探[J].浙江中医杂志，2004(10)：423.
[171] 文小敏.《温热论》与《湿热病篇》学术思想的比较研究[J].湖南中医杂志，2005，21(4)：62.
[172] 朱建君.浅论薛生白《湿热病篇》的学术特点[J].河北中医，2005，27(6)：470.
[173] 李爱军.胜湿熄风方临床新用[J].湖南中医杂志 2005，21(2)：75.
[174] 邢兰英.湿热辛开法小议[J].山东中医杂志 2005，24(6)：353.
[175] 张孝芳.浅议叶天士与薛生白事迹[J].南京中医药大学学报，1999，15(4)：236.
[176] 张志斌.《湿热论》存世疑问的文献学研究[J].山东中医药大学学

报，2006，30（6）：464.

［177］张志斌．王孟英所论《湿热病篇》辨疑［J］．浙江中医杂志，2006，41（11）：664．

［178］刘亚娟．薛生白《湿热病篇》中治疗神志病变思路探析［J］．浙江中医药大学学报，2006，30（4）：338.

［179］南东球．杏林奇才薛一瓢［J］．家庭中医药，2007（4）：14.

［180］魏凯峰．《湿热病篇》口渴辨析［J］南京中医药大学学报，2007，23（1）：12.

［181］郭选贤．薛生白中焦气分湿热辨证浅析［J］新中医，2007，39（5）：101.

［182］黄泽辉．薛生白通络舒筋方治疗小儿抽动秽语综合征临床观察［J］．辽宁中医杂志 2007，34（10）：1417.

［183］许敬生．叶薛结怨［J］．河南中医，2008，28（3）：20.

［184］黄欢．薛生白辨治湿热病浅析［J］时珍国医国药，2009，20（1）：242.

《中医历代名家学术研究丛书》医家名录

（总计102名，以医家出生时间为序）

汉晋唐医家（6名）

张仲景　王叔和　皇甫谧　杨上善　孙思邈　王　冰

宋金元医家（18名）

钱　乙　成无己　许叔微　刘　昉　刘完素　张元素
陈无择　张子和　李东垣　陈自明　严用和　王好古
杨士瀛　罗天益　王　珪　危亦林　朱丹溪　滑　寿

明代医家（25名）

楼　英　戴思恭　王　履　刘　纯　虞　抟　王　纶
汪　机　马　莳　薛　己　万密斋　周慎斋　李时珍
徐春甫　李　梴　龚廷贤　杨继洲　孙一奎　缪希雍
王肯堂　武之望　吴　崑　陈实功　张景岳　吴有性
李中梓

清代医家（46名）

喻　昌　傅　山　汪　昂　张志聪　张　璐　陈士铎
冯兆张　薛　雪　程国彭　李用粹　叶天士　王维德
王清任　柯　琴　尤在泾　徐灵胎　何梦瑶　吴　澄
黄庭镜　黄元御　顾世澄　高士宗　沈金鳌　赵学敏
黄宫绣　郑梅涧　俞根初　陈修园　高秉钧　吴鞠通
林珮琴　章虚谷　邹　澍　王旭高　费伯雄　吴师机
王孟英　石寿棠　陆懋修　马培之　郑钦安　雷　丰
柳宝诒　张聿青　唐容川　周学海

民国医家（7名）

张锡纯　何廉臣　陈伯坛　丁甘仁　曹颖甫　张山雷
恽铁樵